道路客货运输驾驶员
继续教育培训教材

（第4版）

《道路客货运输驾驶员继续教育培训教材（第4版）》编写组　编

人民交通出版社股份有限公司

北　京

内 容 提 要

本教材依据《道路客货运输驾驶员继续教育大纲》(交运发〔2011〕475号)编写而成,共分为九章,主要内容包括道路运输相关法律法规及规定,道路运输驾驶员的社会责任、职业道德、职业心理和生理健康,道路运输车辆知识、危险源辨识与防御性驾驶方法、紧急情况应急处置、道路客货运输知识、道路运输节能减排以及典型事故案例分析。

本教材适合道路客货运输驾驶员继续教育培训使用。

图书在版编目(CIP)数据

道路客货运输驾驶员继续教育培训教材:第4版 /《道路客货运输驾驶员继续教育培训教材(第4版)》编写组编. — 4版. — 北京:人民交通出版社股份有限公司,2021.3

ISBN 978-7-114-17086-7

Ⅰ.①道… Ⅱ.①道… Ⅲ.①道路运输—客货运输—驾驶员—继续教育—教材 Ⅳ.①U471.3

中国版本图书馆CIP数据核字(2021)第029205号

书　　名:	道路客货运输驾驶员继续教育培训教材(第4版)
著 作 者:	《道路客货运输驾驶员继续教育培训教材(第4版)》编写组
责任编辑:	薛　亮
责任校对:	刘　芹
责任印制:	张　凯
出版发行:	人民交通出版社股份有限公司
地　　址:	(100011)北京市朝阳区安定门外外馆斜街3号
网　　址:	http://www.ccpcl.com.cn
销售电话:	(010)59757973
总 经 销:	人民交通出版社股份有限公司发行部
经　　销:	各地新华书店
印　　刷:	北京市密东印刷有限公司
开　　本:	787×1092　1/16
印　　张:	7.75
字　　数:	168千
版　　次:	2011年11月　第1版　2014年3月　第2版 2016年9月　第3版　2021年3月　第4版
印　　次:	2021年5月　第4版　第3次印刷　总第46次印刷
书　　号:	ISBN 978-7-114-17086-7
定　　价:	30.00元

(有印刷、装订质量问题的图书由本公司负责调换)

前言
PREFACE

随着我国社会经济的快速发展和人民群众出行需求的不断增长，我国道路运输业也相应地得到了快速发展，并在综合运输体系中发挥着越来越重要的作用，为我国经济建设提供了重要的保障。但是，道路运输在为人民群众提供方便、舒适、快捷的出行和运输服务的同时，也带来了道路交通安全事故的负面影响。目前，我国仍处于道路交通事故多发期，重特大道路交通事故时有发生，严重危害了人民群众的生命财产安全，影响了社会的和谐稳定。研究表明，驾驶员安全意识淡薄、驾驶操作不规范和违法驾驶是引发交通事故的主要原因。切实加强对道路运输驾驶员的培训和从业资格管理，是实现道路运输安全管理的关键。

本教材依据《道路客货运输驾驶员继续教育大纲》（交运发〔2011〕475号）编写而成，对旧版教材内容的理论知识和技能操作的相关要求作了更新。全书以"安全驾驶、应急处置"为重点，引入危险源识别和防御性驾驶新理念和新知识，融合了最新的道路运输法规和汽车使用技术，注重法规知识与技能操作的双重普及，表述形式通俗易懂，具有较强的可读性、针对性和实用性。

　　本书主要内容包括道路运输相关法律法规及规定，道路运输驾驶员的社会责任、职业道德、职业心理和生理健康、道路运输车辆知识、危险源辨识与防御性驾驶方法、紧急情况应急处置、道路客货运输知识、道路运输节能减排以及典型事故案例分析。

　　本书由姚旭主编，参与编写的还有王金霞、邵京京、薛亮。限于编者的经历和水平，书中难免有不妥或错误之处，敬请读者批评指正。

编　者

2021年1月

目 录

第一章 道路运输相关法律法规及规定 　1
第一节　《中华人民共和国刑法》　2
第二节　《中华人民共和国民法典》　2
第三节　《中华人民共和国安全生产法》　5
第四节　《中华人民共和国道路交通安全法》与《中华人民共和国道路交通安全法实施条例》　6
第五节　《中华人民共和国劳动合同法》　9
第六节　《中华人民共和国道路运输条例》　10
第七节　《公路安全保护条例》　13
第八节　《道路旅客运输及客运站管理规定》　14
第九节　《道路货物运输及场站管理规定》　21
第十节　《道路运输从业人员管理规定》　23
第十一节　《道路运输驾驶员继续教育办法》　26
第十二节　《道路运输驾驶员诚信考核办法》　27

第二章 道路运输驾驶员的社会责任与职业道德 　29
第一节　道路运输驾驶员的职业特点　30
第二节　道路运输驾驶员的社会责任　31
第三节　道路运输驾驶员的职业道德　31

第三章 道路运输驾驶员身心健康 　35
第一节　道路运输驾驶员的心理健康　36
第二节　道路运输驾驶员的生理健康　38

| 第三节 | 道路运输驾驶员常见疾病及预防方法 | 43 |

第四章 道路运输车辆知识　45
　　第一节　道路运输车辆卫星定位系统使用常识　46
　　第二节　道路运输车辆使用常识　48
　　第三节　道路运输车辆安全检视　55

第五章 危险源辨识与防御性驾驶方法　59
　　第一节　危险源及防御性驾驶的含义　60
　　第二节　驾驶员、其他交通参与者的不安全行为　60
　　第三节　车辆、行李物品及货物的不安全状态　63
　　第四节　危险源识别与防御性驾驶方法　64

第六章 紧急情况应急处置　73
　　第一节　紧急情况应急处置原则　74
　　第二节　紧急情况应急处置方法　74
　　第三节　事故现场的应急处置及常见伤员救护方法　87

第七章 道路客货运输知识　93
　　第一节　道路旅客运输知识　94
　　第二节　道路货物运输知识　101

第八章 道路运输节能减排　111
　　第一节　汽车燃料消耗的主要影响因素　112
　　第二节　汽车主要污染物的种类及危害　113
　　第三节　汽车节能与环保驾驶操作规范　114

CHAPTER 01

第一章

道路运输相关法律法规及规定

通过本章的学习,驾驶员能够深入理解道路客货运输相关法规,掌握新制定(修订)法规对道路客货运输驾驶员的要求,强化遵纪守法意识。

第一节 《中华人民共和国刑法》

2020年12月26日，中华人民共和国第十三届全国人民代表大会常务委员会第二十四次会议通过《中华人民共和国刑法修正案（十一）》，自2021年3月1日起施行。其中，涉及道路运输的相关违法行为及法律责任如下。

一 交通肇事

违反交通运输管理法规，因而发生重大事故，致人重伤、死亡或者使公私财产遭受重大损失的，处3年以下有期徒刑或者拘役；交通运输肇事后逃逸或者有其他特别恶劣情节的，处3年以上7年以下有期徒刑；因逃逸致人死亡的，处7年以上有期徒刑。

二 违法驾驶机动车

在道路上驾驶机动车，有下列情形之一的，处拘役，并处罚金：

（1）追逐竞驶，情节恶劣的；

（2）醉酒驾驶机动车的；

（3）从事校车业务或者旅客运输，严重超过额定乘员载客，或者严重超过规定时速行驶的；

（4）违反危险化学品安全管理规定运输危险化学品，危及公共安全的。

机动车所有人、管理人对第（3）（4）项行为负有直接责任的，依照上述规定处罚。有上述行为，同时构成其他犯罪的，依照处罚较重的规定定罪处罚。

对行驶中的公共交通工具的驾驶人员使用暴力或者抢控驾驶操纵装置，干扰公共交通工具正常行驶，危及公共安全的，处1年以下有期徒刑、拘役或者管制，并处或者单处罚金。

上述驾驶人员在行驶的公共交通工具上擅离职守，与他人互殴或者殴打他人，危及公共安全的，依照前款的规定处罚。

有上述行为，同时构成其他犯罪的，依照处罚较重的规定定罪处罚。

三 伪造、变造、买卖驾驶证

伪造、变造、买卖驾驶证的，处3年以下有期徒刑、拘役、管制或者剥夺政治权利，并处罚金；情节严重的，处3年以上7年以下有期徒刑，并处罚金。

四 使用伪造、变造的或者盗用他人的驾驶证

在依照国家规定应当提供身份证明的活动中，使用伪造、变造的或者盗用他人的驾驶证，情节严重的，处拘役或者管制，并处或者单处罚金；同时构成其他犯罪的，依照处罚较重的规定定罪处罚。

第二节 《中华人民共和国民法典》

《中华人民共和国民法典》（以下简称《民法典》）已由中华人民共和国第十三届全国人民代表大会第三次会议于2020年5月28日通过，自2021年1月1日起实施。其中涉及

运输合同的内容如下。

一 运输合同的一般规定

运输合同是承运人将旅客或者货物从起运地点运输到约定地点，旅客、托运人或者收货人支付票款或者运输费用的合同。

从事公共运输的承运人不得拒绝旅客、托运人通常、合理的运输要求。

承运人应当在约定期限或者合理期限内，按照约定的或者通常的运输路线，将旅客、货物安全运输到约定地点。

旅客、托运人或者收货人应当支付票款或者运输费用。承运人未按照约定路线或者通常路线运输增加票款或者运输费用的，旅客、托运人或者收货人可以拒绝支付增加部分的票款或者运输费用。

二 客运合同

客运合同自承运人向旅客出具客票时成立，但是当事人另有约定或者另有交易习惯的除外。

旅客应当按照有效客票记载的时间、班次和座位号乘坐。旅客无票乘坐、超程乘坐、越级乘坐或者持不符合减价条件的优惠客票乘坐的，应当补交票款，承运人可以按照规定加收票款；旅客不支付票款的，承运人可以拒绝运输。实名制客运合同的旅客丢失客票的，可以请求承运人挂失补办，承运人不得再次收取票款和其他不合理费用。

旅客因自己的原因不能按照客票记载的时间乘坐的，应当在约定的期限内办理退票或者变更手续；逾期办理的，承运人可以不退票款，并不再承担运输义务。

旅客随身携带行李应当符合约定的限量和品类要求；超过限量或者违反品类要求携带行李的，应当办理托运手续。

旅客不得随身携带或者在行李中夹带易燃、易爆、有毒、有腐蚀性、有放射性以及可能危及运输工具上人身和财产安全的危险物品或者违禁物品。旅客违反前款规定的，承运人可以将危险物品或者违禁物品卸下、销毁或者送交有关部门。旅客坚持携带或者夹带危险物品或者违禁物品的，承运人应当拒绝运输。

承运人应当严格履行安全运输义务，及时告知旅客安全运输应当注意的事项。旅客对承运人为安全运输所作的合理安排应当积极协助和配合。

承运人应当按照有效客票记载的时间、班次和座位号运输旅客。承运人迟延运输或者有其他不能正常运输情形的，应当及时告知和提醒旅客，采取必要的安置措施，并根据旅客的要求安排改乘其他班次或者退票；由此造成旅客损失的，承运人应当承担赔偿责任，但是不可归责于承运人的除外。

承运人擅自降低服务标准的，应当根据旅客的请求退票或者减收票款；提高服务标准的，不得加收票款。

承运人在运输过程中，应当尽力救助患有急病、分娩、遇险的旅客。

承运人应当对运输过程中旅客的伤亡承担赔偿责任；但是，伤亡是旅客自身健康原因造成的或者承运人证明伤亡是旅客故意、重大过失造成的除外。此规定适用于按照规定免票、持优待票或者经承运人许可搭乘的无票旅客。

在运输过程中旅客随身携带物品毁损、灭失，承运人有过错的，应当承担赔偿责任。

旅客托运的行李毁损、灭失的，适用货物运输的有关规定。

三、货运合同

托运人办理货物运输，应当向承运人准确表明收货人的姓名、名称或者凭指示的收货人，货物的名称、性质、质量、数量，收货地点等有关货物运输的必要情况。因托运人申报不实或者遗漏重要情况，造成承运人损失的，托运人应当承担赔偿责任。

托运人托运易燃、易爆、有毒、有腐蚀性、有放射性等危险物品的，应当按照国家有关危险物品运输的规定对危险物品妥善包装，做出危险物品标志和标签，并将有关危险物品的名称、性质和防范措施的书面材料提交承运人。托运人违反以上规定的，承运人可以拒绝运输，也可以采取相应措施以避免损失的发生，因此产生的费用由托运人负担。

在承运人将货物交付收货人之前，托运人可以要求承运人中止运输、返还货物、变更到达地或者将货物交给其他收货人，但是应当赔偿承运人因此受到的损失。

货物运输到达后，承运人知道收货人的，应当及时通知收货人，收货人应当及时提货。收货人逾期提货的，应当向承运人支付保管费等费用。

收货人提货时应当按照约定的期限检验货物。对检验货物的期限没有约定或者约定不明确，依据《民法典》第五百一十条的规定，即合同生效后，当事人就质量、价款或者报酬、履行地点等内容没有约定或者约定不明确的，可以协议补充；不能达成补充协议的，按照合同相关条款或者交易习惯确定。仍不能确定的，应当在合理期限内检验货物。收货人在约定的期限或者合理期限内对货物的数量、毁损等未提出异议的，视为承运人已经按照运输单证的记载交付的初步证据。

承运人对运输过程中货物的毁损、灭失承担赔偿责任。但是，承运人证明货物的毁损、灭失是因不可抗力、货物本身的自然性质或者合理损耗以及托运人、收货人的过错造成的，不承担赔偿责任。

货物的毁损、灭失的赔偿额，当事人有约定的，按照其约定；没有约定或者约定不明确，依据《民法典》第五百一十条的规定仍不能确定的，按照交付或者应当交付时货物到达地的市场价格计算。法律、行政法规对赔偿额的计算方法和赔偿限额另有规定的，依照其规定。

两个以上承运人以同一运输方式联运的，与托运人订立合同的承运人应当对全程运输承担责任；损失发生在某一运输区段的，与托运人订立合同的承运人和该区段的承运人承担连带责任。

货物在运输过程中因不可抗力灭失，未收取运费的，承运人不得请求支付运费；已经收取运费的，托运人可以请求返还。法律另有规定的，依照其规定。

托运人或者收货人不支付运费、保管费或者其他费用的，承运人对相应的运输货物享有留置权，但是当事人另有约定的除外。

收货人不明或者收货人无正当理由拒绝受领货物的，承运人依法可以提存货物。

四、多式联运合同

多式联运经营人负责履行或者组织履行多式联运合同，对全程运输享有承运人的权利，承担承运人的义务。

多式联运经营人可以与参加多式联运的各区段承运人就多式联运合同的各区段运输约定相互之间的责任；但是，该约定不影响多式联运经营人对全程运输承担的义务。

多式联运经营人收到托运人交付的货物时，应当签发多式联运单据。按照托运人的

第一章 道路运输相关法律法规及规定

要求，多式联运单据可以是可转让单据，也可以是不可转让单据。

因托运人托运货物时的过错造成多式联运经营人损失的，即使托运人已经转让多式联运单据，托运人仍然应当承担赔偿责任。

货物的毁损、灭失发生于多式联运的某一运输区段的，多式联运经营人的赔偿责任和责任限额，适用调整该区段运输方式的有关法律规定；货物毁损、灭失发生的运输区段不能确定的，依照本章规定承担赔偿责任。

第三节 《中华人民共和国安全生产法》

《中华人民共和国安全生产法》（以下简称《安全生产法》）制定的目的是加强安全生产监督管理，防止和减少生产安全事故，保障人民生命和财产安全，促进经济发展。《安全生产法》明确安全生产领域从业人员享有的权利、应尽的义务及所应承担的法律责任，确定了安全生产管理坚持"安全第一，预防为主"的方针。

一 从业人员的权利

《安全生产法》规定，生产经营单位与从业人员订立的劳动合同，应当载明有关保障从业人员劳动安全、防止职业危害的事项，以及依法为从业人员办理工伤保险的事项。生产经营单位不得以任何形式与从业人员订立协议，免除或者减轻其对从业人员因生产安全事故伤亡依法应承担的责任。

生产经营单位的从业人员有权了解其作业场所和工作岗位存在的危险因素、防范措施及事故应急措施，有权对本单位的安全生产工作提出建议。

从业人员有权对本单位安全生产工作中存在的问题提出批评、检举、控告；有权拒绝违章指挥和强令冒险作业。生产经营单位不得因从业人员对本单位安全生产工作提出批评、检举、控告或者拒绝违章指挥、强令冒险作业而降低其工资、福利等待遇或者解除与其订立的劳动合同。

从业人员发现直接危及人身安全的紧急情况时，有权停止作业或者在采取可能的应急措施后撤离作业场所。生产经营单位不得因从业人员在前款紧急情况下停止作业或者采取紧急撤离措施而降低其工资、福利等待遇或者解除与其订立的劳动合同。

因生产安全事故受到损害的从业人员，除依法享有工伤保险外，依照有关民事法律尚有获得赔偿的权利的，有权向本单位提出赔偿要求。

二 从业人员的义务

《安全生产法》规定，从业人员在作业过程中，应当严格遵守本单位的安全生产规章制度和操作规程，服从管理，正确佩戴和使用劳动防护用品。

从业人员应当接受安全生产教育和培训，掌握本职工作所需的安全生产知识，提高安全生产技能，增强事故预防和应急处理能力。

从业人员发现事故隐患或者其他不安全因素，应当立即向现场安全生产管理人员或者本单位负责人报告；接到报告的人员应当及时予以处理。

三 从业人员应承担的法律责任

《安全生产法》规定的从业人员的违法行为与应承担的法律责任见表1-1。

违法行为及法律责任　　　　　　　　　　　　　　　　表 1-1

序号	违法行为	法律责任
1	生产经营单位与从业人员订立协议，免除或者减轻其对从业人员因生产安全事故伤亡依法应承担的责任的	该协议无效；对生产经营单位的主要负责人、个人经营的投资人处2万元以上10万元以下的罚款
2	生产经营单位的从业人员不服从管理，违反安全生产规章制度或者操作规程的	由生产经营单位给予批评教育，依照有关规章制度给予处分
2	构成犯罪的	依照刑法有关规定追究刑事责任
3	生产经营单位主要负责人在本单位发生生产安全事故时，不立即组织抢救或者在事故调查处理期间擅离职守或者逃匿的	给予降职、撤职的处分，并由安全生产监督管理部门处上1年年收入60%~100%的罚款；对逃匿的处15日以下拘留；构成犯罪的，依照刑法有关规定追究刑事责任
3	生产经营单位主要负责人对生产安全事故隐瞒不报、谎报或者拖延不报的	
4	生产经营单位发生生产安全事故造成人员伤亡、他人财产损失的	应当依法承担赔偿责任；拒不承担或者其负责人逃匿的，由人民法院依法强制执行。生产安全事故的责任人未依法承担赔偿责任，经人民法院依法采取执行措施后，仍不能对受害人给予足额赔偿的，应当继续履行赔偿义务；受害人发现责任人有其他财产的，可以随时请求人民法院执行

第四节　《中华人民共和国道路交通安全法》与《中华人民共和国道路交通安全法实施条例》

一、关于驾驶员的规定

驾驶机动车，应当依法取得机动车驾驶证。申请机动车驾驶证，应当符合国务院公安部门规定的驾驶许可条件；经考试合格后，由公安机关交通管理部门发给相应类别的机动车驾驶证，机动车驾驶证的有效期为6年。驾驶员应当按照驾驶证载明的准驾车型驾驶机动车；驾驶机动车时，应当随身携带机动车驾驶证。

机动车驾驶员初次申领机动车驾驶证后的12个月为实习期。在实习期内驾驶机动车的，应当在车身后部粘贴或者悬挂统一式样的实习标志。机动车驾驶员在实习期内不得驾驶公共汽车、营运客车或者执行任务的警车、消防车、救护车、工程救险车以及载有爆炸物品、易燃易爆化学物品、剧毒或者放射性等危险物品的机动车；驾驶的机动车不得牵引挂车。

驾驶员驾驶机动车上道路行驶前，应当对机动车的安全技术性能进行认真检查；不得驾驶安全设施不全或者机件不符合技术标准等具有安全隐患的机动车。饮酒、服用国家管制的精神药品或者麻醉药品，或者患有妨碍安全驾驶机动车的疾病，或者过度疲劳影响安全驾驶的，不得驾驶机动车。

二 关于车辆的规定

国家对机动车实行登记制度。机动车经公安机关交通管理部门登记后，方可上道路行驶。尚未登记的机动车，需要临时上道路行驶的，应当取得临时通行牌证。

机动车应当从注册登记之日起，按照下列期限进行安全技术检验：

（1）营运载客汽车5年以内每年检验1次；超过5年的，每6个月检验1次。

（2）载货汽车和大型、中型非营运载客汽车10年以内每年检验1次；超过10年的，每6个月检验1次；营运机动车在规定检验期限内经安全技术检验合格的，不再重复进行安全技术检验。

国家实行机动车强制报废制度，根据机动车的安全技术状况和不同用途，规定不同的报废标准。应当报废的机动车必须及时办理注销登记。达到报废标准的机动车，不得上道路行驶。报废的大型客、货车及其他营运车辆，应当在公安机关交通管理部门的监督下解体。

机动车号牌应当悬挂在车前、车后指定位置，保持清晰、完整。重型、中型载货汽车及其挂车、拖拉机及其挂车的车身或者车厢后部应当喷涂放大的牌号，字样应当端正并保持清晰。机动车检验合格标志、保险标志应当粘贴在机动车前窗右上角。机动车喷涂、粘贴标识或者车身广告的，不得影响安全驾驶。

用于公路营运的载客汽车、重型载货汽车、半挂牵引车应当安装、使用符合国家标准的行驶记录仪。交通警察可以对机动车行驶速度、连续驾驶时间以及其他行驶状态信息进行检查。

三 道路通行规定

机动车载人应当遵守下列规定：公路载客汽车不得超过核定的载客人数，但按照规定免票的儿童除外，在载客人数已满的情况下，按照规定免票的儿童不得超过核定载客人数的10%；载货汽车车厢不得载客。在城市道路上，货运机动车在留有安全位置的情况下，车厢内可以附载临时作业人员1~5人；载物高度超过车厢栏板时，货物上不得载人。

机动车载物不得超过机动车行驶证上核定的载质量，装载长度、宽度不得超出车厢，并应当遵守下列规定：重型、中型载货汽车，半挂车载物，高度从地面起不得超过4m，载运集装箱的车辆不得超过4.2m；其他载货的机动车载物，高度从地面起不得超过2.5m；载客汽车除车身外部的行李架和内置的行李舱外，不得载货。载客汽车行李架载货，从车顶起高度不得超过0.5m，从地面起高度不得超过4m。不得遗洒、飘散载运物。机动车运载超限的不可解体的物品，影响交通安全的，应当按照公安机关交通管理部门指定的时间、路线、速度行驶，悬挂明显标志。在公路上运载超限的不可解体的物品，应当依照公路法的规定执行。机动车载运爆炸物品、易燃易爆化学物品以及剧毒、放射性等危险物品，应当经公安机关批准后，按指定的时间、路线、速度行驶，悬挂警示标志并采取必要的安全措施。禁止货运机动车载客，货运机动车需要附载作业人员的，应当设置保护作业人员的安全措施。

机动车牵引挂车应当符合下列规定：载货汽车、半挂牵引车、拖拉机只允许牵引1辆挂车。挂车的灯光信号、制动、连接、安全防护等装置应当符合国家标准；小型载客汽车只允许牵引旅居挂车或者总质量700kg以下的挂车。挂车不得载人；载货汽车所牵引挂车的载质量不得超过载货汽车本身的载质量。大型、中型载客汽车，低速载货汽车不得牵引挂车。

四 交通事故处理规定

在道路上发生交通事故,车辆驾驶员应当立即停车,保护现场;造成人身伤亡的,车辆驾驶员应当立即抢救受伤人员,并迅速报告执勤的交通警察或者公安机关交通管理部门。因抢救受伤人员变动现场的,应当标明位置。乘车人、过往车辆驾驶员、过往行人应当予以协助。在道路上发生交通事故,未造成人身伤亡,当事人对事实及成因无争议的,可以即行撤离现场,恢复交通,自行协商处理损害赔偿事宜;不即行撤离现场的,应当迅速报告执勤的交通警察或者公安机关交通管理部门。在道路上发生交通事故,仅造成轻微财产损失,并且基本事实清楚的,当事人应当先撤离现场再进行协商处理。

机动车发生交通事故造成人身伤亡、财产损失的,由保险公司在机动车第三者责任强制保险责任限额范围内予以赔偿。不足的部分,按照下列规定承担赔偿责任:机动车之间发生交通事故的,由有过错的一方承担赔偿责任;双方都有过错的,按照各自过错的比例分担责任;机动车与非机动车驾驶员、行人之间发生交通事故,非机动车驾驶员、行人没有过错的,由机动车一方承担赔偿责任;有证据证明非机动车驾驶员、行人有过错的,根据过错程度适当减轻机动车一方的赔偿责任;机动车一方没有过错的,承担不超过10%的赔偿责任。交通事故的损失是由非机动车驾驶员、行人故意碰撞机动车造成的,机动车一方不承担赔偿责任。

五 违法行为与法律责任规定

《中华人民共和国道路交通安全法》《中华人民共和国道路交通安全法实施条例》对道路客货运输驾驶员可能违法行为和应承担的责任作出了如下规定,详见表1-2。

违法行为及法律责任 表1-2

序号	违 法 行 为	法 律 责 任
1	机动车驾驶员违反道路交通安全法律、法规关于道路通行规定的	处警告或者20元以上200元以下罚款
2	饮酒后驾驶机动车的	处暂扣6个月机动车驾驶证,并处1000元以上2000元以下罚款
2	因饮酒后驾驶机动车被处罚,再次饮酒后驾驶机动车的	处10日以下拘留,并处1000元以上2000元以下罚款,吊销机动车驾驶证
2	醉酒驾驶机动车的	由公安机关交通管理部门约束至酒醒,吊销机动车驾驶证,依法追究刑事责任;5年内不得重新取得机动车驾驶证
3	饮酒后驾驶营运机动车的	处15日拘留,并处5000元罚款,吊销机动车驾驶证,5年内不得重新取得机动车驾驶证
3	醉酒驾驶营运机动车的	由公安机关交通管理部门约束至酒醒,吊销机动车驾驶证,依法追究刑事责任;10年内不得重新取得机动车驾驶证,重新取得机动车驾驶证后,不得驾驶营运机动车
3	饮酒后或者醉酒驾驶机动车发生重大交通事故,构成犯罪的	依法追究刑事责任,并由公安机关交通管理部门吊销机动车驾驶证,终生不得重新取得机动车驾驶证

第一章 道路运输相关法律法规及规定

续上表

序号	违法行为	法律责任
4	公路客运车辆载客超过额定乘员的	处200元以上500元以下罚款；超过额定乘员20%或者违反规定载货的，处500元以上2000元以下罚款
	货运机动车超过核定载质量的	处200元以上500元以下罚款；超过核定载质量30%或者违反规定载客的，处500元以上2000元以下罚款
	有前两款行为的	由公安机关交通管理部门扣留机动车至违法状态消除。运输单位的车辆有第一款、第二款规定的情形，经处罚不改的，对直接负责的主管人员处2000元以上5000元以下罚款
5	公路客运载客汽车超过核定乘员、载货汽车超过核定载质量的	公安机关交通管理部门依法扣留机动车后，驾驶员应当将超载的乘车人转运、将超载的货物卸载，费用由超载机动车的驾驶员或者所有人承担

第五节 《中华人民共和国劳动合同法》

一 驾驶员的权利和义务

签订劳动合同是保障驾驶员合法劳动权益的一种有效方法，也就是说，驾驶员与用人单位建立劳动关系，应当签订书面劳动合同，在劳动合同中明确有关保障驾驶员劳动安全、防止职业危害、依法为驾驶员办理工伤社会保险等事项。劳动合同应当具备以下条款：

（1）用人单位的名称、住所和法定代表人或者主要负责人。

（2）劳动者的姓名、住址和居民身份证或者其他有效身份证件号码。

（3）劳动合同期限。

（4）工作内容和工作地点。

（5）工作时间和休息休假。

（6）劳动报酬。

（7）社会保险。

（8）劳动保护、劳动条件和职业危害防护。

（9）法律、法规规定应当纳入劳动合同的其他事项。

驾驶员有获得工伤保险和民事赔偿的权利。驾驶员因生产安全事故受到损害后，首先可以依照劳动合同和工伤社会保险合同的约定，享有相应的补偿金。如果工伤保险补偿金不足以补偿损失的，依照有关民事法律规定应当给予赔偿的，驾驶员或其亲属有权向本单位提出赔偿要求。

驾驶员与用人单位签订劳动合同后必须尽职履责，有下列情形之一的，用人单位可以解除劳动合同：

（1）在试用期间被证明不符合录用条件的。

（2）严重违反用人单位的规章制度的。

（3）严重失职，营私舞弊，给用人单位造成重大损害的。

（4）驾驶员同时与其他用人单位建立劳动关系，对完成本单位的工作任务造成严重影响，或者经用人单位提出，拒不改正的。

（5）被依法追究刑事责任的。

二、劳动关系的认定方法

驾驶员未与用人单位订立书面劳动合同，但同时具备下列情形的，劳动关系仍然成立：

（1）用人单位和驾驶员符合法律、法规规定的主体资格。

（2）用人单位依法制定的各项劳动规章制度适用于驾驶员，驾驶员受用人单位的劳动管理，从事用人单位安排的有报酬的劳动。

（3）驾驶员提供的劳动是用人单位业务的组成部分。

驾驶员未与用人单位签订劳动合同，认定双方存在劳动关系时可参照下列凭证：

（1）工资支付凭证或记录（职工工资发放花名册）、缴纳各项社会保险费的记录。

（2）用人单位向驾驶员发放的工作证、服务证等能够证明身份的证件。

（3）驾驶员填写的用人单位招工、招聘登记表、报名表等招用记录。

（4）考勤记录。

（5）其他职员的证言等。

其中，第（1）（3）（4）项的有关凭证由用人单位负举证责任。驾驶员与用人单位就是否存在劳动关系引发争议的，可以向有管辖权的劳动争议仲裁委员会申请仲裁。

第六节 《中华人民共和国道路运输条例》

一、总则

道路运输经营包括道路旅客运输经营（以下简称客运经营）和道路货物运输经营（以下简称货运经营）；道路运输相关业务包括站（场）经营、机动车维修经营、机动车驾驶员培训。

从事道路运输经营以及道路运输相关业务，应当依法经营，诚实信用，公平竞争。

道路运输管理，应当公平、公正、公开和便民。

国家鼓励发展乡村道路运输，并采取必要的措施提高乡镇和行政村的通班车率，满足广大农民的生活和生产需要。

国家鼓励道路运输企业实行规模化、集约化经营。任何单位和个人不得封锁或者垄断道路运输市场。

国务院交通运输主管部门主管全国道路运输管理工作。

县级以上地方人民政府交通运输主管部门负责组织领导本行政区域的道路运输管理工作。

县级以上道路运输管理机构负责具体实施道路运输管理工作。

二、经营行为

1. 客运

申请从事客运经营的，应当具备下列条件：有与其经营业务相适应并经检测合格的车辆；有符合本条例规定条件的驾驶员；有健全的安全生产管理制度。申请从事班线客运经营的，还应当有明确的线路和站点方案。

从事客运经营的驾驶员，应当符合下列条件：取得相应的机动车驾驶证，年龄不超过60周岁，3年内无重大以上交通责任事故记录，经设区的市级道路运输管理机构对有关客运法律法规、机动车维修和旅客急救基本知识考试合格。

申请从事客运经营的，应当依法向工商行政管理机关办理有关登记手续后，按照下列规定提出申请并提交符合规定条件的相关材料：从事县级行政区域内客运经营的，向县级道路运输管理机构提出申请；从事省、自治区、直辖市行政区域内跨2个县级以上行政区域客运经营的，向其共同的上一级道路运输管理机构提出申请；从事跨省、自治区、直辖市行政区域客运经营的，向所在地的省、自治区、直辖市道路运输管理机构提出申请。

客运班线的经营期限为4～8年。

经营期限届满需要延续客运班线经营许可的，应当重新提出申请。

客运经营者需要终止客运经营的，应当在终止前30日内告知原许可机关。

客运经营者应当为旅客提供良好的乘车环境，保持车辆清洁、卫生，并采取必要的措施防止在运输过程中发生侵害旅客人身、财产安全的违法行为。

班线客运经营者取得道路运输经营许可证后，应当向公众连续提供运输服务，不得擅自暂停、终止或者转让班线运输。

客运经营者不得强迫旅客乘车，不得甩客、敲诈旅客；不得擅自更换运输车辆。

2 货运

申请从事货运经营的，应当具备下列条件：有与其经营业务相适应并经检测合格的车辆，有符合本条例规定条件的驾驶员，有健全的安全生产管理制度。

从事货运经营的驾驶员，应当符合下列条件：取得相应的机动车驾驶证，年龄不超过60周岁，经设区的市级道路运输管理机构对有关货运法律法规、机动车维修和货物装载保管基本知识考试合格。

申请从事货运经营的，应当依法向工商行政管理机关办理有关登记手续后，按照下列规定提出申请并分别提交符合规定条件的相关材料：从事危险货物运输经营以外的货运经营的，向县级道路运输管理机构提出申请；从事危险货物运输经营的，向设区的市级道路运输管理机构提出申请。

货运经营者不得运输法律、行政法规禁止运输的货物。

法律、行政法规规定必须办理有关手续后方可运输的货物，货运经营者应当查验有关手续。

国家鼓励货运经营者实行封闭式运输，保证环境卫生和货物运输安全。

3 客运和货运的共同规定

客运经营者、货运经营者应当加强对从业人员的安全教育、职业道德教育，确保道路运输安全。道路运输从业人员应当遵守道路运输操作规程，不得违章作业。驾驶员连续驾驶时间不得超过4h。

生产（改装）客运车辆、货运车辆的企业应当按照国家规定标定车辆的核定人数或者载重量，严禁多标或者少标车辆的核定人数或者载重量。客运经营者、货运经营者应当使用符合国家规定标准的车辆从事道路运输经营。

客运经营者、货运经营者应当加强对车辆的维护和检测，确保车辆符合国家规定的技术标准；不得使用报废的、擅自改装的和其他不符合国家规定的车辆从事道路运输经营。

客运经营者、货运经营者应当制定有关交通事故、自然灾害以及其他突发事件的道路运输应急预案。应急预案应当包括报告程序、应急指挥、应急车辆和设备的储备以及处置措施等内容。

发生交通事故、自然灾害以及其他突发事件，客运经营者和货运经营者应当服从县级以上人民政府或者有关部门的统一调度、指挥。

道路运输车辆应当随车携带车辆营运证，不得转让、出租。

客运经营者、危险货物运输经营者应当分别为旅客或者危险货物投保承运人责任险。

机动车驾驶员培训机构应当按照国务院交通运输主管部门规定的教学大纲进行培训，确保培训质量。培训结业的，应当向参加培训的人员颁发培训结业证书。

三 国际道路运输

国务院交通运输主管部门应当及时向社会公布中国政府与有关国家政府签署的双边或者多边道路运输协定确定的国际道路运输线路。

申请从事国际道路运输经营的，应当具备下列条件：依照规定取得道路运输经营许可证的企业法人；在国内从事道路运输经营满3年，且未发生重大以上道路交通责任事故。

申请从事国际道路运输的，应当向省、自治区、直辖市道路运输管理机构提出申请并提交符合规定条件的相关材料。省、自治区、直辖市道路运输管理机构应当自受理申请之日起20日内审查完毕，作出批准或者不予批准的决定。予以批准的，应当向国务院交通运输主管部门备案；不予批准的，应当向当事人说明理由。国际道路运输经营者应当持批准文件依法向有关部门办理相关手续。

中国国际道路运输经营者应当在其投入运输车辆的显著位置，标明中国国籍识别标志。外国国际道路运输经营者的车辆在中国境内运输，应当标明本国国籍识别标志，并按照规定的运输线路行驶；不得擅自改变运输线路，不得从事起止地都在中国境内的道路运输经营。

外国国际道路运输经营者依法在中国境内设立的常驻代表机构不得从事经营活动。

四 法律责任

《中华人民共和国道路运输条例》规定的违法行为及应承担的法律责任见表1-3。

违法行为及法律责任 表1-3

序号	违法行为	法律责任
1	未取得道路运输经营许可，擅自从事道路运输经营的	由县级以上道路运输管理机构责令停止经营；有违法所得的，没收违法所得，处违法所得2倍以上10倍以下的罚款；没有违法所得或者违法所得不足2万元的，处3万元以上10万元以下的罚款；构成犯罪的，依法追究刑事责任
2	不符合条件的人员驾驶道路运输经营车辆的	由县级以上道路运输管理机构责令改正，处200元以上2000元以下的罚款；构成犯罪的，依法追究刑事责任
3	未经许可擅自从事道路运输站（场）经营的	由县级以上道路运输管理机构责令停止经营；有违法所得的，没收违法所得，处违法所得2倍以上10倍以下的罚款；没有违法所得或者违法所得不足1万元的，处2万元以上5万元以下的罚款；构成犯罪的，依法追究刑事责任
4	非法转让、出租道路运输许可证件的	由县级以上道路运输管理机构责令停止违法行为，收缴有关证件，处2000元以上1万元以下的罚款；有违法所得的，没收违法所得
5	未按规定投保承运人责任险的	由县级以上道路运输管理机构责令限期投保；拒不投保的，由原许可机关吊销道路运输经营许可证

第一章 道路运输相关法律法规及规定

续上表

序号	违法行为	法律责任
6	不按照规定携带车辆营运证的	由县级以上道路运输管理机构责令改正，处警告或者20元以上200元以下的罚款
7	不按批准的客运站点停靠或者不按规定的线路、公布的班次行驶的	县级以上道路运输管理机构责令改正，处1000元以上3000元以下的罚款；情节严重的，由原许可机关吊销道路运输经营许可证
7	强行招揽旅客、货物的	县级以上道路运输管理机构责令改正，处1000元以上3000元以下的罚款；情节严重的，由原许可机关吊销道路运输经营许可证
7	在旅客运输途中擅自变更运输车辆或者将旅客移交他人运输的	县级以上道路运输管理机构责令改正，处1000元以上3000元以下的罚款；情节严重的，由原许可机关吊销道路运输经营许可证
7	未报告原许可机关，擅自终止客运经营的	县级以上道路运输管理机构责令改正，处1000元以上3000元以下的罚款；情节严重的，由原许可机关吊销道路运输经营许可证
7	没有采取必要措施防止货物脱落、扬撒的	县级以上道路运输管理机构责令改正，处1000元以上3000元以下的罚款；情节严重的，由原许可机关吊销道路运输经营许可证
8	不按规定维护和检测运输车辆的	由县级以上道路运输管理机构责令改正，处1000元以上5000元以下的罚款
8	擅自改装已取得车辆营运证的车辆的	由县级以上道路运输管理机构责令改正，处5000元以上2万元以下的罚款

 第七节　《公路安全保护条例》

一　公路通行要求

车辆的外廓尺寸、轴荷和总质量应当符合国家有关车辆外廓尺寸、轴荷、质量限值等机动车安全技术标准，不符合标准的不得生产、销售。

运输不可解体物品需要改装车辆的，应当由具有相应资质的车辆生产企业按照规定的车型和技术参数进行改装。

超过公路、公路桥梁、公路隧道限载、限高、限宽、限长标准的车辆，不得在公路、公路桥梁或者公路隧道行驶；超过汽车渡船限载、限高、限宽、限长标准的车辆，不得使用汽车渡船。

车辆载运不可解体物品，车货总体的外廓尺寸或者总质量超过公路、公路桥梁、公路隧道的限载、限高、限宽、限长标准，确需在公路、公路桥梁、公路隧道行驶的，从事运输的单位和个人应当向公路管理机构申请公路超限运输许可。

车辆应当规范装载，装载物不得触地拖行。车辆装载物易掉落、遗洒或者飘散的，采取厢式密闭等有效防护措施后方可在公路上行驶。

二　违法行为与法律责任

《公路安全保护条例》规定的违法行为及应承担的法律责任见表1-4。

违法行为及法律责任 表1-4

序号	违法行为	法律责任
1	在公路上行驶的车辆,车货总体的外廓尺寸、轴荷或者总质量超过公路、公路桥梁、公路隧道、汽车渡船限定标准的	由公路管理机构责令改正,可以处3万元以下的罚款
2	经批准进行超限运输的车辆,未按照指定时间、路线和速度行驶的	由公路管理机构或者公安机关交通管理部门责令改正;拒不改正的,公路管理机构或者公安机关交通管理部门可以扣留车辆
2	未随车携带超限运输车辆通行证的	由公路管理机构扣留车辆,责令车辆驾驶员提供超限运输车辆通行证或者相应的证明
2	租借、转让超限运输车辆通行证的	由公路管理机构没收超限运输车辆通行证,处1000元以上5000元以下的罚款
2	使用伪造、变造的超限运输车辆通行证的	由公路管理机构没收伪造、变造的超限运输车辆通行证,处3万元以下的罚款
3	对1年内违法超限运输超过3次的货运车辆驾驶员	由道路运输管理机构责令其停止从事营业性运输
4	采取故意堵塞固定超限检测站点通行车道、强行通过固定超限检测站点等方式扰乱超限检测秩序的	有上述行为之一的,由公路管理机构强制拖离或者扣留车辆,处3万元以下的罚款
4	采取短途驳载等方式逃避超限检测的	
5	指使、强令车辆驾驶员超限运输货物的	由道路运输管理机构责令改正,处3万元以下的罚款
6	车辆装载物触地拖行、掉落、遗洒或者飘散,造成公路路面损坏、污染的	由公路管理机构责令改正,处5000元以下的罚款

第八节 《道路旅客运输及客运站管理规定》

为规范道路旅客运输及道路旅客运输站经营活动,维护道路旅客运输市场秩序,保障道路旅客运输安全,保护旅客和经营者的合法权益,依据《中华人民共和国道路运输条例》及有关法律、行政法规的规定,制定本规定。

一、总则

从事道路旅客运输(以下简称道路客运)经营以及道路旅客运输站(以下简称客运站)经营的,应当遵守本规定。

本规定所称道路客运经营,是指使用客车运送旅客、为社会公众提供服务、具有商业性质的道路客运活动,包括班车(加班车)客运、包车客运、旅游客运。

班车客运是指客车在城乡道路上按照固定的线路、时间、站点、班次运行的一种客运方式。加班车客运是班车客运的一种补充形式，是在客运班车不能满足需要或者无法正常运营时，临时增加或者调配客车按客运班车的线路、站点运行的方式。

包车客运是指以运送团体旅客为目的，将客车包租给用户安排使用，提供驾驶劳务，按照约定的起始地、目的地和路线行驶，由包车用户统一支付费用的一种客运方式。

旅游客运是指以运送旅游观光的旅客为目的，在旅游景区内运营或者其线路至少有一端在旅游景区（点）的一种客运方式。

本规定所称客运站经营，是指以站场设施为依托，为道路客运经营者和旅客提供有关运输服务的经营活动。

道路客运和客运站管理应当坚持以人为本、安全第一的宗旨，遵循公平、公正、公开、便民的原则，打破地区封锁和垄断，促进道路运输市场的统一、开放、竞争、有序，满足广大人民群众的美好出行需求。

道路客运及客运站经营者应当依法经营，诚实信用，公平竞争，优质服务。

鼓励道路客运和客运站相关行业协会加强行业自律。

国家实行道路客运企业质量信誉考核制度，鼓励道路客运经营者实行规模化、集约化、公司化经营，禁止挂靠经营。

交通运输部主管全国道路客运及客运站管理工作。县级以上地方人民政府交通运输主管部门负责组织领导本行政区域的道路客运及客运站管理工作。县级以上道路运输管理机构负责具体实施道路客运及客运站管理工作。

道路客运应当与铁路、水路、民航等其他运输方式协调发展、有效衔接，与信息技术、旅游、邮政等关联产业融合发展。

农村道路客运具有公益属性。国家推进城乡道路客运服务一体化，提升公共服务均等化水平。

二 经营许可

申请从事道路客运经营的，应当具备下列条件：有与其经营业务相适应并经检测合格的客车；从事客运经营的驾驶人员，应当符合《道路运输从业人员管理规定》有关规定；有健全的安全生产管理制度，包括安全生产操作规程、安全生产责任制、安全生产监督检查、驾驶人员和车辆安全生产管理的制度；申请从事道路客运班线经营，还应当有明确的线路和站点方案。

申请从事道路客运经营的，应当依法向市场监督管理部门办理有关登记手续后，按照下列规定提出申请：

（1）从事一类、二类、三类客运班线经营或者包车客运经营的，向所在地设区的市级道路运输管理机构提出申请；

（2）从事四类客运班线经营的，向所在地县级道路运输管理机构提出申请。

在直辖市申请从事道路客运经营的，应当向直辖市人民政府确定的道路运输管理机构提出申请。

省级人民政府交通运输主管部门对省内包车客运实行分类管理的，对从事市际包车客运、县际包车客运经营的，向所在地设区的市级道路运输管理机构提出申请；对从事县内包车客运经营的，向所在地县级道路运输管理机构提出申请。

县级以上道路运输管理机构应当定期向社会公布本行政区域内的客运运力投放、客运线路布局、主要客流流向和流量等情况。

县级以上道路运输管理机构应当定期向社会公布本行政区域内的客运运力投放、客运线路布局、主要客流流向和流量等情况。

道路运输管理机构在审查客运申请时，

应当考虑客运市场的供求状况、普遍服务和方便群众等因素；在审查营运线路长度在800公里以上的客运班线申请时，还应当进行安全风险评估。

道路运输管理机构应当按照《中华人民共和国道路运输条例》和《交通行政许可实施程序规定》以及本规定规范的程序实施道路客运经营、道路客运班线经营和客运站经营的行政许可。

道路运输管理机构对道路客运经营申请、道路客运班线经营申请予以受理的，应当通过部门间信息共享、内部核查等方式获取营业执照、申请人已取得的其他道路客运经营许可、现有车辆等信息，并自受理之日起20日内作出许可或者不予许可的决定。

道路运输管理机构对符合法定条件的道路客运经营申请作出准予行政许可决定的，应当出具《道路客运经营行政许可决定书》，明确经营主体、经营范围、车辆数量及要求等许可事项，在作出准予行政许可决定之日起10日内向被许可人发放《道路运输经营许可证》，并告知被许可人所在地道路运输管理机构。

道路运输管理机构对符合法定条件的道路客运班线经营申请作出准予行政许可决定的，还应当出具《道路客运班线经营行政许可决定书》，明确起讫地、中途停靠地客运站点、日发班次下限、车辆数量及要求、经营期限等许可事项，并告知班线起讫地同级道路运输管理机构；对成立线路公司的道路客运班线或者农村道路客运班线，中途停靠地客运站点可以由其经营者自行决定，并告知原许可机关。

属于一类、二类客运班线的，许可机关应当将《道路客运班线经营行政许可决定书》抄告中途停靠地同级道路运输管理机构。

道路客运经营者设立子公司的，应当按照规定向设立地道路运输管理机构申请经营许可；设立分公司的，应当向设立地道路运输管理机构备案。

客运经营者、客运站经营者需要变更许可事项，应当向原许可机关提出申请，按本章有关规定办理。班车客运经营者变更起讫地客运站点、途经路线的，应当重新备案。

客运班线的经营主体、起讫地和日发班次下限变更和客运站经营主体、站址变更应当按照重新许可办理。

客运班线许可事项或者备案事项发生变更的，道路运输管理机构应当换发《道路客运班线经营信息表》。

客运经营者和客运站经营者在取得全部经营许可证件后无正当理由超过180日不投入运营，或者运营后连续180日以上停运的，视为自动终止经营。

客运班线经营者在经营期限内暂停、终止班线经营的，应当提前30日告知原许可机关。经营期限届满，客运班线经营者应当按照本规定第十二条重新提出申请。许可机关应当依据本章有关规定作出许可或者不予许可的决定。予以许可的，重新办理有关手续。

客运经营者终止经营，应当在终止经营后10日内，将相关的《道路运输经营许可证》和《道路运输证》、客运标志牌交回原发放机关。

客运站经营者终止经营的，应当提前30日告知原许可机关和进站经营者。原许可机关发现关闭客运站可能对社会公众利益造成重大影响的，应当采取措施对进站车辆进行分流，并在终止经营前15日向社会公告。客运站经营者应当在终止经营后10日内将《道路运输经营许可证》交回原发放机关。

第一章 道路运输相关法律法规及规定

三、客运经营管理

客运经营者应当按照道路运输管理机构决定的许可事项从事客运经营活动,不得转让、出租道路运输经营许可证件。

道路客运班线属于国家所有的公共资源。班车客运经营者取得经营许可后,应当向公众提供连续运输服务,不得擅自暂停、终止或者转让班线运输。

客运班车应当按照许可的起讫地、日发班次下限和备案的途经路线运行,在起讫地客运站点和中途停靠地客运站点(以下统称配客站点)上下旅客。

客运班车不得在规定的配客站点外上客或者沿途揽客,无正当理由不得改变途经路线。客运班车在遵守道路交通安全、城市管理相关法规的前提下,可以在起讫地、中途停靠地所在的城市市区、县城城区沿途下客。

重大活动期间,客运班车应当按照相关道路运输管理机构指定的配客站点上下旅客。一类、二类客运班线的经营者或者其委托的售票单位、配客站点,应当实行实名售票和实名查验(以下统称实名制管理),免票儿童除外。其他客运班线及客运站实行实名制管理的范围,由省级人民政府交通运输主管部门确定。

实行实名制管理的,购票人购票时应当提供有效身份证件原件,并由售票人在客票上记载旅客的身份信息。通过网络、电话等方式实名购票的,购票人应当提供有效的身份证件信息,并在取票时提供有效身份证件原件。

旅客遗失客票的,经核实其身份信息后,售票人应当免费为其补办客票。

客运经营者不得强迫旅客乘车,不得将旅客交给他人运输,不得甩客,不得敲诈旅客,不得使用低于规定的类型等级营运客车承运,不得阻碍其他经营者的正常经营活动。

严禁营运客车超载运行,在载客人数已满的情况下,允许再搭乘不超过核定载客人数10%的免票儿童。

客车不得违反规定载货。客运站经营者受理客运班车行李舱载货运输业务的,应当对托运人有效身份信息进行登记,并对托运物品进行安全检查或者开封验视,不得受理有关法律法规禁止运送、可能危及运输安全和托运人拒绝安全检查的托运物品。

客运班车行李舱装载托运物品时,应当不超过行李舱内径尺寸、不大于客车允许最大总质量与整备质量和核定载客质量之差,并合理均衡配重;对于容易在舱内滚动、滑动的物品应当采取有效的固定措施。

客运经营者应当遵守有关运价规定,使用规定的票证,不得乱涨价、恶意压价、乱收费。

客运经营者应当在客运车辆外部的适当位置喷印企业名称或者标识,在车厢内醒目位置公示驾驶员姓名和从业资格证号、交通运输服务监督电话、票价和里程表。

客运经营者应当为旅客提供良好的乘车环境,确保车辆设备、设施齐全有效,保持车辆清洁、卫生,并采取必要的措施防止在运输过程中发生侵害旅客人身、财产安全的违法行为。

客运经营者应当按照有关规定在发车前进行旅客系固安全带等安全事项告知,运输过程中发生侵害旅客人身、财产安全的治安违法行为时,应当及时向公安机关报告并配合公安机关处理治安违法行为。

客运经营者不得在客运车辆上从事播放淫秽录像等不健康的活动,不得传播、使用破坏社会安定、危害国家安全、煽动民族分裂等非法出版物。

鼓励客运经营者使用配置下置行李舱的客车从事道路客运。没有下置行李舱或者行李舱容积不能满足需要的客车，可以在车厢内设立专门的行李堆放区，但行李堆放区和座位区必须隔离，并采取相应的安全措施。严禁行李堆放区载客。

客运经营者应当为旅客投保承运人责任险。客运经营者应当加强车辆技术管理，建立客运车辆技术状况检查制度，加强对从业人员的安全、职业道德教育和业务知识、操作规程培训，并采取有效措施，防止驾驶员连续驾驶时间超过4h。

客运车辆驾驶员应当遵守道路运输法规和道路运输驾驶员操作规程，安全驾驶，文明服务。

客运经营者应当制定突发事件应急预案。应急预案应当包括报告程序、应急指挥、应急车辆和设备的储备以及处置措施等内容。

发生突发事件时，客运经营者应当服从县级以上人民政府或者有关部门的统一调度、指挥。

客运经营者应当建立和完善各类台账和档案，并按照要求及时报送有关资料和信息。

旅客应当持有效客票乘车，配合行李物品安全检查，按照规定使用安全带，遵守乘车秩序，文明礼貌；不得携带违禁物品乘车，不得干扰驾驶员安全驾驶。

实行实名制管理的客运班线及客运站，旅客还应当持有本人有效身份证件原件，配合工作人员查验。旅客乘车前，客运站经营者应当对客票记载的身份信息与旅客及其有效身份证件原件（以下简称票、人、证）进行一致性核对并记录有关信息。

对旅客拒不配合行李物品安全检查或者坚持携带违禁物品、乘坐实名制管理的客运班线拒不提供本人有效身份证件原件或者票、人、证不一致的，班车客运经营者和客运站经营者不得允许其乘车。

实行实名制管理的班车客运经营者及客运站经营者应当配备必要的设施设备，并加强实名制管理相关人员的培训和相关系统及设施设备的管理，确保符合国家相关法律法规规定。

班车客运经营者及客运站经营者对实行实名制管理所登记采集的旅客身份信息及乘车信息，除应当依公安机关的要求向其如实提供外，应当予以保密。对旅客身份信息及乘车信息自采集之日起保存期限不得少于1年，涉及视频图像信息的，自采集之日起保存期限不得少于90日。

班车客运经营者或者其委托的售票单位、配客站点应当针对客流高峰、恶劣天气及设备系统故障、重大活动等特殊情况下实名制管理的特点，制定有效的应急预案。

客运车辆驾驶员应当随车携带《道路运输证》、从业资格证等有关证件，在规定位置放置客运标志牌。

有下列情形之一的，客运车辆可以凭临时班车客运标志牌运行：

（1）在特殊时段或者发生突发事件，客运经营者不能满足运力需求，使用其他客运经营者的客车开行加班车的；

（2）因车辆故障、维护等原因，需要调用其他客运经营者的客车接驳或者顶班的；

（3）班车客运标志牌正在制作或者不慎灭失，等待领取的。

凭临时班车客运标志牌运营的客车应当按正班车的线路和站点运行。属于加班或者顶班的，还应当持有始发站签章并注明事由的当班行车路单；班车客运标志牌正在制作或者灭失的，还应当持有该条班线的《道路客运班线经营信息表》或者《道路客运班线经营行政许可决定书》的复印件。

客运包车应当凭车籍所在地道路运输管理机构配发的包车客运标志牌,按照约定的时间、起始地、目的地和线路运行,并持有包车合同,不得招揽包车合同外的旅客乘车。

客运包车除执行道路运输管理机构下达的紧急包车任务外,其线路一端应当在车籍所在的设区的市,单个运次不超过15日。

省际临时班车客运标志牌、省际包车客运标志牌由设区的市级道路运输管理机构按照交通运输部的统一式样印制,交由当地县级以上道路运输管理机构向客运经营者配发。省际临时班车客运标志牌和省际包车客运标志牌在一个运次所需的时间内有效。因班车客运标志牌正在制作或者灭失而使用的省际临时班车客运标志牌,有效期不得超过30日。

从事省际包车客运的企业应当按照交通运输部的统一要求,通过运政管理信息系统向车籍地道路运输管理机构备案。

省内临时班车客运标志牌、省内包车客运标志牌式样及管理要求由各省级人民政府交通运输主管部门自行规定。

四 违法行为及法律责任

(1)违反本规定,有下列行为之一的,由县级以上道路运输管理机构责令停止经营;有违法所得的,没收违法所得,处违法所得2倍以上10倍以下的罚款;没有违法所得或者违法所得不足2万元的,处3万元以上10万元以下的罚款;构成犯罪的,依法追究刑事责任:

①未取得道路客运经营许可,擅自从事道路客运经营的;

②未取得道路客运班线经营许可,擅自从事班车客运经营的;

③使用失效、伪造、变造、被注销等无效的道路客运许可证件从事道路客运经营的;

④超越许可事项,从事道路客运经营的。

(2)违反本规定,有下列行为之一的,由县级以上道路运输管理机构责令停止经营;有违法所得的,没收违法所得,处违法所得2倍以上10倍以下的罚款;没有违法所得或者违法所得不足1万元的,处2万元以上5万元以下的罚款;构成犯罪的,依法追究刑事责任:

①未取得客运站经营许可,擅自从事客运站经营的;

②使用失效、伪造、变造、被注销等无效的客运站许可证件从事客运站经营的;

③超越许可事项,从事客运站经营的。

(3)违反本规定,客运经营者、客运站经营者非法转让、出租道路运输经营许可证件的,由县级以上道路运输管理机构责令停止违法行为,收缴有关证件,处2000元以上1万元以下的罚款;有违法所得的,没收违法所得。

(4)违反本规定,客运经营者有下列行为之一的,由县级以上道路运输管理机构责令限期投保;拒不投保的,由原许可机关吊销相应许可:

①未为旅客投保承运人责任险的;

②未按照最低投保限额投保的;

③投保的承运人责任险已过期,未继续投保的。

(5)违反本规定,客运经营者使用未持合法有效《道路运输证》的车辆参加客运经营的,或者聘用不具备从业资格的驾驶员参加客运经营的,由县级以上道路运输管理机构责令改正,处3000元以上1万元以下的罚款。客运经营者不按照规定随车携带《道路运输证》的,由县级以上道路运输管理机构责令改正,处警告或者20元以上200元以下的罚款。

(6)违反本规定,客运经营者或者其

委托的售票单位、客运站经营者不按规定使用道路运输业专用票证或者转让、倒卖、伪造道路运输业专用票证的，由县级以上道路运输管理机构责令改正，处1000元以上3000元以下的罚款。

（7）一类、二类客运班线的经营者或者其委托的售票单位、客运站经营者未按照规定对旅客身份进行查验，或者对身份不明、拒绝提供身份信息的旅客提供服务的，由县级以上道路运输管理机构处10万元以上50万元以下的罚款，并对其直接负责的主管人员和其他直接责任人员处10万元以下的罚款；情节严重的，由县级以上道路运输管理机构责令其停止从事相关道路旅客运输或者客运站经营业务；造成严重后果的，由原许可机关吊销有关道路旅客运输或者客运站经营许可证件。

（8）违反本规定，客运经营者有下列情形之一的，由县级以上道路运输管理机构责令改正，处1000元以上3000元以下的罚款：

①客运班车不按照批准的配客站点停靠或者不按照规定的线路、日发班次下限行驶的；

②加班车、顶班车、接驳车无正当理由不按照规定的线路、站点运行的；

③以欺骗、暴力等手段招揽旅客的；

④擅自将旅客移交他人运输的；

⑤在旅客运输途中擅自变更运输车辆的；

⑥未报告原许可机关，擅自终止道路客运经营的；

⑦客运包车未持有效的包车客运标志牌进行经营的，不按照包车客运标志牌载明的事项运行的，线路两端均不在车籍所在地的，招揽包车合同以外的旅客乘车的；

⑧开展定制客运未按照规定备案的；

⑨未按照规定在发车前对旅客进行安全事项告知的。

违反上述第①~⑥项规定，情节严重的，由原许可机关吊销相应许可。

（9）违反本规定，客运经营者、客运站经营者存在重大运输安全隐患等情形，导致不具备安全生产条件，经停产停业整顿仍不具备安全生产条件的，由县级以上道路运输管理机构依法吊销相应许可。

（10）违反本规定，客运站经营者有下列情形之一的，由县级以上道路运输管理机构责令改正，处1万元以上3万元以下的罚款：

①允许无经营证件的车辆进站从事经营活动的；

②允许超载车辆出站的；

③允许未经安全检查或者安全检查不合格的车辆发车的；

④无正当理由拒绝客运车辆进站从事经营活动的；

⑤设立的停靠点未按照规定备案的。

（11）违反本规定，客运站经营者有下列情形之一的，由县级以上道路运输管理机构责令改正；拒不改正的，处3000元的罚款；有违法所得的，没收违法所得：

①擅自改变客运站的用途和服务功能的；

②不公布运输线路、配客站点、班次、发车时间、票价的。

（12）违反本规定，网络平台有下列情形之一的，由县级以上道路运输管理机构责令改正，处3000元以上1万元以下的罚款：

①发布的提供服务班车客运经营者与实际提供服务班车客运经营者不一致的；

②发布的提供服务车辆与实际提供服务车辆不一致的；

③发布的提供服务驾驶员与实际提供服务驾驶员不一致的；

④超出班车客运经营者许可范围开展定制客运的。

网络平台接入或者使用不符合规定的班车客运经营者、车辆或者驾驶员开展定制客运的,由县级以上道路运输管理机构责令改正,处1万元以上3万元以下的罚款。

第九节 《道路货物运输及场站管理规定》

一、总则

从事道路货物运输经营和道路货物运输站(场)经营的,应当遵守本规定。

本规定所称道路货物运输经营,是指为社会提供公共服务、具有商业性质的道路货物运输活动。道路货物运输包括道路普通货运、道路货物专用运输、道路大型物件运输和道路危险货物运输。本规定所称道路货物专用运输,是指使用集装箱、冷藏保鲜设备、罐式容器等专用车辆进行的货物运输。

道路货物运输和货运站经营者应当依法经营,诚实信用,公平竞争。道路货物运输管理应当公平、公正、公开和便民。

鼓励道路货物运输实行集约化、网络化经营。鼓励采用集装箱、封闭厢式车和多轴重型车运输。

交通运输部主管全国道路货物运输和货运站管理工作。县级以上地方人民政府交通运输主管部门负责组织领导本行政区域的道路货物运输和货运站管理工作。县级以上道路运输管理机构具体实施本行政区域的道路货物运输和货运站管理工作。

二、经营许可

申请从事道路货物运输经营的,应当具备下列条件:有与其经营业务相适应并经检测合格的运输车辆;有符合规定条件的驾驶员(其中,使用总质量4500kg及以下普通货运车辆的驾驶人员,无需经设区的市级道路运输管理机构对有关道路货物运输法规、机动车维修和货物及装载保管基本知识考试合格并取得从业资格证);有健全的安全生产管理制度,包括安全生产责任制度、安全生产业务操作规程、安全生产监督检查制度、驾驶员和车辆安全生产管理制度等。

申请从事道路货物运输经营的,应当依法向市场监督管理机关办理有关登记手续后,向县级道路运输管理机构提出申请,并提供以下材料:

(1)《道路货物运输经营申请表》。

(2)负责人身份证明,经办人的身份证明和委托书。

(3)机动车辆行驶证、车辆技术等级评定结论复印件;拟投入运输车辆的承诺书,承诺书应当包括车辆数量、类型、技术性能、投入时间等内容。

(4)聘用或者拟聘用驾驶员的机动车驾驶证、从业资格证及其复印件。

(5)安全生产管理制度文本。

(6)法律、法规规定的其他材料。

使用总质量4500kg及以下普通货运车辆从事普通货运经营的,无须按照本规定申请取得《道路运输经营许可证》及《道路运输证》。

道路货物运输经营者设立子公司的,应当向设立地的道路运输管理机构申请经营许可;设立分公司的,应当向设立地的道路运输管理机构报备。

道路货物运输和货运站经营者需要终止经营的,应当在终止经营之日30日前告知原许可的道路运输管理机构,并办理有关注销手续。

三、货运经营管理

道路货物运输经营者应当按照《道路运输经营许可证》核定的经营范围从事货物运输经营，不得转让、出租道路运输经营许可证件。

道路货物运输经营者应当对从业人员进行经常性的安全、职业道德教育和业务知识、操作规程培训。

道路货物运输经营者应当按照国家有关规定在其重型货运车辆、牵引车上安装、使用行驶记录仪，并采取有效措施，防止驾驶人员连续驾驶时间超过4h。

道路货物运输经营者应当要求其聘用的车辆驾驶员随车携带按照规定要求取得的《道路运输证》。《道路运输证》不得转让、出租、涂改、伪造。

道路货物运输经营者应当聘用按照规定要求持有从业资格证的驾驶人员。

营运驾驶员应当按照规定驾驶与其从业资格类别相符的车辆。驾驶营运车辆时，应当随身携带按照规定要求取得的从业资格证。

运输的货物应当符合货运车辆核定的载质量，载物的长、宽、高不得违反装载要求。禁止货运车辆违反国家有关规定超限、超载运输。禁止使用货运车辆运输旅客。

从事大型物件运输的车辆，应当按照规定装置统一的标志和悬挂标志旗；夜间行驶和停车休息时应当设置标志灯。

道路货物运输经营者不得运输法律、行政法规禁止运输的货物。道路货物运输经营者在受理法律、行政法规规定限运、凭证运输的货物时，应当查验并确认有关手续齐全有效后方可运输。货物托运人应当按照有关法律、行政法规的规定办理限运、凭证运输手续。

道路货物运输经营者不得采取不正当手段招揽货物、垄断货源。不得阻碍其他货运经营者开展正常的运输经营活动。道路货物运输经营者应当采取有效措施，防止货物变质、腐烂、短少或者损失。

国家鼓励实行封闭式运输。道路货物运输经营者应当采取有效的措施，防止货物脱落、扬撒等情况发生。

道路货物运输经营者应当制定有关交通事故、自然灾害、公共卫生以及其他突发公共事件的道路运输应急预案。应急预案应当包括报告程序、应急指挥、应急车辆和设备的储备以及处置措施等内容。

发生交通事故、自然灾害、公共卫生以及其他突发公共事件，道路货物运输经营者应当服从县级以上人民政府或者有关部门的统一调度、指挥。

道路货物运输经营者应当严格遵守国家有关价格法律、法规和规章的规定，不得恶意压价竞争。

四、违法行为与法律责任

（1）违反本规定，有下列行为之一的，由县级以上道路运输管理机构责令停止经营；有违法所得的，没收违法所得，处违法所得2倍以上10倍以下的罚款；没有违法所得或者违法所得不足2万元的，处3万元以上10万元以下的罚款；构成犯罪的，依法追究刑事责任：

①未按规定取得道路货物运输经营许可，擅自从事道路货物运输经营的。

②使用失效、伪造、变造、被注销等无效的道路运输经营许可证件从事道路货物运输经营的。

③超越许可的事项，从事道路货物运输经营的。

（2）违反本规定，道路货物运输和货运站经营者非法转让、出租道路运输经营许可证件的，由县级以上道路运输管理机构责令停止违法行为，收缴有关证件，处2000元以上1万元以下的罚款；有违法所得的，没收违法所得。

（3）违反本规定，取得道路货物运输经营许可的道路货物运输经营者使用无道路运输证的车辆参加货物运输的，由县级以上道路运输管理机构责令改正，处3000元以上1万元以下的罚款。

（4）道路货物运输经营者不按照规定携带《道路运输证》的，由县级以上道路运输管理机构责令改正，处警告或者20元以上200元以下的罚款。

（5）违反本规定，取得道路货物运输经营许可的道路货物运输经营者、货运站经营者已不具备开业要求的有关安全条件、存在重大运输安全隐患的，由县级以上道路运输管理机构限期责令改正；在规定时间内不能按要求改正且情节严重的，由原许可机关吊销《道路运输经营许可证》或者吊销其相应的经营范围。

（6）违反本规定，道路货物运输经营者有下列情形之一的，由县级以上道路运输管理机构责令改正，处1000元以上3000元以下的罚款；情节严重的，由原许可机关吊销道路运输经营许可证或者吊销其相应的经营范围：

①强行招揽货物的。

②没有采取必要措施防止货物脱落、扬撒的。

（7）违反本规定，有下列行为之一的，由县级以上道路运输管理机构责令停止经营；有违法所得的，没收违法所得，处违法所得2倍以上10倍以下的罚款；没有违法所得或者违法所得不足1万元的，处2万元以上5万元以下的罚款；构成犯罪的，依法追究刑事责任：

①未取得货运站经营许可，擅自从事货运站经营的。

②使用失效、伪造、变造、被注销等无效的道路运输经营许可证件从事货运站经营的。

③超越许可的事项，从事货运站经营的。

第十节 《道路运输从业人员管理规定》

一、总则

道路运输从业人员是指经营性道路客货运输驾驶员、道路危险货物运输从业人员、机动车维修技术人员、机动车驾驶培训教练员、道路运输经理人和其他道路运输从业人员。经营性道路客货运输驾驶员包括经营性道路旅客运输驾驶员和经营性道路货物运输驾驶员。

使用总质量4500kg及以下普通货运车辆的驾驶人员不适用本规定。

道路运输从业人员应当依法经营，诚实信用，规范操作，文明从业。

道路运输从业人员管理工作应当公平、公正、公开和便民。

交通运输部负责全国道路运输从业人员管理工作。县级以上地方人民政府交通运输主管部门负责组织领导本行政区域内的道路运输从业人员管理工作，并具体负责本行政区域内道路危险货物运输从业人员的管理工作。县级以上道路运输管理机构具体负责本行政区域内经营性道路客货运输驾驶员、机动车维修技术人员、机动车驾驶培训教练员、道路运输经理人和其他道路运输从业人员的管理工作。

二 从业资格管理

国家对经营性道路客货运输驾驶员、道路危险货物运输从业人员实行从业资格考试制度。其他已实施国家职业资格制度的道路运输从业人员，按照国家职业资格的有关规定执行。从业资格是对道路运输从业人员所从事的特定岗位职业素质的基本评价。经营性道路客货运输驾驶员和道路危险货物运输从业人员必须取得相应从业资格，方可从事相应的道路运输活动。鼓励机动车维修企业、机动车驾驶员培训机构优先聘用取得国家职业资格的从业人员从事机动车维修和机动车驾驶员培训工作。

道路运输从业人员从业资格考试应当按照交通运输部编制的考试大纲、考试题库、考核标准、考试工作规范和程序组织实施。

经营性道路客货运输驾驶员从业资格考试由设区的市级道路运输管理机构组织实施，每月组织一次考试。道路危险货物运输从业人员从业资格考试由设区的市级人民政府交通运输主管部门组织实施，每季度组织一次考试。

经营性道路旅客运输驾驶员应当符合下列条件：取得相应的机动车驾驶证1年以上；年龄不超过60周岁；3年内无重大以上交通责任事故；掌握相关道路旅客运输法规、机动车维修和旅客急救基本知识；经考试合格，取得相应的从业资格证件。

经营性道路货物运输驾驶员应当符合下列条件：取得相应的机动车驾驶证；年龄不超过60周岁；掌握相关道路货物运输法规、机动车维修和货物装载保管基本知识；经考试合格，取得相应的从业资格证件。

申请参加经营性道路客货运输驾驶员从业资格考试的人员，应当向其户籍地或者暂住地设区的市级道路运输管理机构提出申请，填写《经营性道路客货运输驾驶员从业资格考试申请表》，并提供下列材料：身份证明及复印件；机动车驾驶证及复印件；申请参加道路旅客运输驾驶员从业资格考试的，还应当提供道路交通安全主管部门出具的3年内无重大以上交通责任事故记录证明。

交通运输主管部门和道路运输管理机构对符合申请条件的申请人应当安排考试。

交通运输主管部门和道路运输管理机构应当在考试结束10日内公布考试成绩。对考试合格人员，应当自公布考试成绩之日起10日内颁发相应的道路运输从业人员从业资格证件。

道路运输从业人员从业资格考试成绩有效期为1年，考试成绩逾期作废。

申请人在从业资格考试中有舞弊行为的，取消当次考试资格，考试成绩无效。

三 从业资格证件管理

经营性道路客货运输驾驶员、道路危险货物运输从业人员经考试合格后，取得《中华人民共和国道路运输从业人员从业资格证》。道路运输从业人员从业资格证件全国通用。

已获得从业资格证件的人员需要增加相应从业资格类别的，应当向原发证机关提出申请，并按照规定参加相应培训和考试。

道路运输从业人员从业资格证件由交通运输部统一印制并编号。道路危险货物运输从业人员从业资格证件由设区的市级交通运输主管部门发放和管理。经营性道路客货运输驾驶员从业资格证件由设区的市级道路运输管理机构发放和管理。

交通运输主管部门和道路运输管理机构应当建立道路运输从业人员从业资格证件管理数据库，使用全国统一的管理软件核发从

第一章 道路运输相关法律法规及规定

业资格证件，并逐步采用电子存取和防伪技术，确保有关信息实时输入、输出和存储。交通运输主管部门和道路运输管理机构应当结合道路运输从业人员从业资格证件的管理工作，建立道路运输从业人员管理信息系统，并逐步实现异地稽查信息共享和动态资格管理。

道路运输从业人员从业资格证件有效期为 6 年。道路运输从业人员应当在从业资格证件有效期届满 30 日前到原发证机关办理换证手续。道路运输从业人员从业资格证件遗失、毁损的，应当到原发证机关办理证件补发手续。道路运输从业人员服务单位变更的，应当到交通运输主管部门或者道路运输管理机构办理从业资格证件变更手续。道路运输从业人员从业资格档案应当由原发证机关在变更手续办结后 30 日内移交户籍迁入地或者现居住地的交通运输主管部门或者道路运输管理机构。

道路运输从业人员办理换证、补证和变更手续，应当填写《道路运输从业人员从业资格证件换发、补发、变更登记表》。

道路运输从业人员有下列情形之一的，由发证机关注销其从业资格证件：持证人死亡的；持证人申请注销的；经营性道路客货运输驾驶员、道路危险货物运输从业人员年龄超过 60 周岁的；经营性道路客货运输驾驶员、道路危险货物运输驾驶员的机动车驾驶证被注销或者被吊销的；超过从业资格证件有效期 180 日未申请换证的。凡被注销的从业资格证件，应当由发证机关予以收回，公告作废并登记归档；无法收回的，从业资格证件自行作废。

四 从业行为规定

经营性道路客货运输驾驶员以及道路危险货物运输从业人员应当在从业资格证件许可的范围内从事道路运输活动。

道路运输从业人员在从事道路运输活动时，应当携带相应的从业资格证件，并应当遵守国家相关法规和道路运输安全操作规程，不得违法经营、违章作业。

道路运输从业人员应当按照规定参加国家相关法规、职业道德及业务知识培训。经营性道路客货运输驾驶员和道路危险货物运输驾驶员在岗从业期间，应当按照规定参加继续教育。

经营性道路客货运输驾驶员和道路危险货物运输驾驶员不得超限、超载运输，连续驾驶时间不得超过 4h。

经营性道路旅客运输驾驶员和道路危险货物运输驾驶员应当按照规定填写行车日志。行车日志式样由省级道路运输管理机构统一制定。

经营性道路旅客运输驾驶员应当采取必要措施保证旅客的人身和财产安全，发生紧急情况时，应当积极进行救护。经营性道路货物运输驾驶员应当采取必要措施防止货物脱落、扬撒等。严禁驾驶道路货物运输车辆从事经营性道路旅客运输活动。

五 违法行为及法律责任

（1）违反本规定，有下列行为之一的人员，由县级以上道路运输管理机构责令改正，处 200 元以上 2000 元以下的罚款；构成犯罪的，依法追究刑事责任：未取得相应从业资格证件，驾驶道路客货运输车辆的；使用失效、伪造、变造的从业资格证件，驾驶道路客货运输车辆的；超越从业资格证件核定范围，驾驶道路客货运输车辆的。

（2）违反本规定，有下列行为之一的人员，由设区的市级人民政府交通运输主管部门处 5 万元以上 10 万元以下的罚款；构成犯罪的，依法追究刑事责任：未取得相应从业资格证件，从事道路危险货物运输活动的；

使用失效、伪造、变造的从业资格证件，从事道路危险货物运输活动的；超越从业资格证件核定范围，从事道路危险货物运输活动的。

（3）道路运输从业人员有下列不具备安全条件情形之一的，由发证机关撤销其从业资格证件：经营性道路客货运输驾驶员、道路危险货物运输从业人员身体健康状况不符合有关机动车驾驶和相关从业要求，且没有主动申请注销从业资格的；经营性道路客货运输驾驶员、道路危险货物运输驾驶员发生重大以上交通事故，且负主要责任的；发现重大事故隐患，不立即采取消除措施，继续作业的。被撤销的从业资格证件应当由发证机关公告作废并登记归档。

第十一节 《道路运输驾驶员继续教育办法》

一、总则

本办法所称的道路运输驾驶员，是指持有《中华人民共和国道路运输从业人员从业资格证》的经营性道路客货运输驾驶员和道路危险货物运输驾驶员。本办法所称的继续教育，是指为不断提高道路运输驾驶员的职业技能和职业道德水平，使其知识和技能得到更新的多种形式的教育。

接受继续教育是道路运输驾驶员的义务。道路运输驾驶员应当按照规定接受相应的继续教育。

继续教育坚持以具有一定规模的道路运输企业实施为主的原则。

交通运输部负责指导全国道路运输驾驶员的继续教育工作。县级以上地方人民政府交通运输主管部门负责组织领导本行政区域内的道路运输驾驶员继续教育工作。县级以上道路运输管理机构负责监督本行政区域内的道路运输驾驶员继续教育工作。

二、继续教育的内容和形式

交通运输部统一制定道路运输驾驶员继续教育大纲并向社会公布。继续教育大纲内容包括道路运输相关政策法规、职业道德、运输安全和节能减排等。

道路运输驾驶员继续教育周期为2年。道路运输驾驶员在每个周期接受继续教育的时间累计应不少于24学时。

道路运输驾驶员继续教育以接受道路运输企业组织并经县级以上道路运输管理机构备案的培训为主。不具备条件的运输企业和个体运输驾驶员的继续教育工作，由其他继续教育机构承担。继续教育还包括以下形式：

（1）经许可的道路运输驾驶员从业资格培训机构组织的继续教育；

（2）交通运输部或省级交通运输主管部门备案的网络远程继续教育；

（3）经省级道路运输管理机构认定的其他继续教育形式。

三、继续教育的组织和实施

道路运输企业应当组织和督促本单位的道路运输驾驶员参加继续教育，并保证道路运输驾驶员参加继续教育的时间，提供必要的学习条件。

道路运输管理机构应当建立继续教育机构的信用管理数据库，对参与继续教育的教职人员建立信用档案，规范继续教育机构的教学行为，完善监督管理。

道路运输驾驶员完成继续教育并经相应道路运输管理机构确认后，道路运输管理机

第一章 道路运输相关法律法规及规定

构应当及时在其从业资格证件和从业资格管理档案予以记载。继续教育的确认可采取考核或学时认定等方式，具体由省级道路运输管理机构确定。

第十二节 《道路运输驾驶员诚信考核办法》

一 总则

本办法所称的道路运输驾驶员，是指经营性道路客货运输驾驶员和道路危险货物运输驾驶员。

本办法所称的诚信考核，是指对道路运输驾驶员在道路运输活动中的安全生产、遵守法规和服务质量等情况进行的综合评价。

道路运输驾驶员诚信考核工作应当遵循公平、公正、公开和便民的原则。

道路运输驾驶员应当自觉遵守国家相关法律、行政法规及规章，诚实信用，文明从业，履行社会责任，为社会提供安全、优质的运输服务。

交通运输部主管全国道路运输驾驶员诚信考核工作。县级以上人民政府交通运输主管部门负责组织领导本行政区域内的道路运输驾驶员诚信考核工作。县级以上道路运输管理机构按照本办法规定的职责负责组织实施本行政区域内的道路运输驾驶员诚信考核工作。

二 诚信考核等级与计分

道路运输驾驶员诚信考核等级分为优良、合格、基本合格和不合格，分别用AAA级、AA级、A级和B级表示。

道路运输驾驶员诚信考核内容包括：安全生产情况（安全生产责任事故情况）；遵守法规情况（违反道路运输相关法律、行政法规、规章的有关情况）；服务质量情况（服务质量事件和有责投诉的有关情况）。

道路运输驾驶员诚信考核实行计分制，考核周期为12个月，满分为20分，从道路运输驾驶员初次领取从业资格证件之日起计算。一个考核周期届满，经签注诚信考核等级后，该考核周期内的计分予以清除，不转入下一个考核周期。根据道路运输驾驶员违反诚信考核指标的情况，一次计分的分值分别为：20分、10分、5分、3分、1分共5种。计分分值标准见表1-5。

道路运输驾驶员诚信考核计分分值标准表　　表1-5

道路运输驾驶员有下列情形之一的	计分分值
（1）从事道路运输经营活动，发生重大以上道路交通事故，且负同等责任的； （2）转让、出租从业资格证件的； （3）超越从业资格证件核定范围，从事道路运输活动的； （4）驾驶未取得《道路运输证》的危险货物运输车辆，从事道路危险货物运输的； （5）本次诚信考核过程中或者上一次诚信考核等级签注后，发现其有弄虚作假、隐瞒相关诚信考核情况，且情节严重的	20分
（1）从事道路运输经营活动，发生重大以上道路交通事故，且负次要责任的； （2）驾驶无《道路运输证》的车辆，从事道路旅客或者货物运输经营活动的； （3）驾驶无包车客运标志牌、包车票、包车合同的车辆，从事客运包车经营的； （4）驾驶未取得《超限运输车辆通行证》的车辆，从事超限运输经营活动的； （5）擅自涂改、伪造、变造从业资格证件上相关记录的； （6）有受到省级及以上交通运输主管部门或者道路运输管理机构通报批评的服务质量记录的	10分

续上表

道路运输驾驶员有下列情形之一的	计分分值
（1）驾驶无道路客运班线经营许可的车辆，从事班车客运经营的； （2）超越《道路运输证》上注明的经营类别或者经营范围，从事道路运输经营活动的； （3）驾驶擅自改装的车辆，从事道路运输经营活动的； （4）驾驶客运班车不按批准的客运站点停靠或者不按规定的线路、班次行驶的； （5）驾驶客运包车未按照约定的时间、起始地、目的地和线路行驶的； （6）未配合汽车客运站执行车辆安全例行检查以及出站检查制度，擅自驾驶客车出站的； （7）在旅客运输途中擅自变更运输车辆或者将旅客移交他人运输的； （8）驾驶的危险货物运输车辆未按照危险化学品的特性采取必要安全防护措施的； （9）有受到设区的市级交通运输主管部门或者道路运输管理机构通报批评的服务质量记录的	5分
（1）没有采取必要措施防止货物脱落、扬撒的； （2）驾驶未按规定维护、检测的车辆，从事道路运输经营活动的； （3）驾驶未按规定投保承运人责任险的车辆，从事道路旅客或者危险货物运输经营活动的； （4）无正当理由超过规定时间30日以上未签注诚信考核等级的； （5）超过规定时间30日以上未参加继续教育培训的； （6）有受到县级交通运输主管部门或者道路运输管理机构通报批评的服务质量记录的	3分
（1）未按规定携带《道路运输证》《道路运输从业人员从业资格证》，从事道路运输经营活动的； （2）未按规定随车携带《道路客运班线经营许可证明》，从事班线客运经营的； （3）未在规定位置放置客运标志牌，从事道路旅客运输经营活动的； （4）服务单位变更，未申请办理从业资格证件变更手续的； （5）道路危险货物运输和经营性道路旅客运输驾驶员未按规定填写行车日志的； （6）超过规定时间，未签注诚信考核等级，且未达30日的； （7）超过规定时间，未参加继续教育培训，且未达30日的	1分

对道路运输驾驶员的道路运输违法行为，处罚与计分同时执行。道路运输驾驶员一次有两个以上违法行为的，计分时应当分别计算，累加分值。

道路运输驾驶员对道路运输违法行为处罚不服，申请行政复议或者提起行政诉讼后，经依法裁决变更或者撤销原处罚决定的，相应计分分值予以变更或者撤销，相应的诚信考核等级按规定予以调整。

道路运输驾驶员诚信考核等级，由道路运输管理机构按照下列标准进行评定：

（1）道路运输驾驶员具备以下条件的，诚信考核等级为AAA级：

①上一考核周期的诚信考核等级为AA级及以上；

②考核周期内累计计分分值为0分。

（2）道路运输驾驶员具备以下条件的，诚信考核等级为AA级：

①未达到AAA级的考核条件；

②上一考核周期的诚信考核等级为A级及以上；

③考核周期内累计计分分值未达到10分。

（3）道路运输驾驶员具备以下条件的，诚信考核等级为A级：

①未达到AA级的考核条件；

②考核周期内累计计分分值未达到20分。

（4）道路运输驾驶员考核周期内累计计分有20分及以上记录的，诚信考核等级为B级。

CHAPTER 02

第二章

道路运输驾驶员的社会责任与职业道德

通过本章的学习,驾驶员能够了解道路客货运输驾驶员的职业特点,深入理解道路客货运输驾驶员社会责任和职业道德的内涵,增强社会责任感、使命感和职业道德观。

道路客货运输驾驶员继续教育培训教材（第4版）

第一节　道路运输驾驶员的职业特点

由于环境、服务对象、任务与劳动强度等不同，任何一种社会职业都有不同的特点。道路运输驾驶员通过了解本职业的特点，能够更好地理解职业技能与素质需求，为从事驾驶员职业做好生理和心理上的各项准备。

一、流动分散作业，劳动强度大

道路客货运输为城市与城市、城市与乡村、乡村与乡村之间建立起了广泛的联系，具有点多、面广、线长和流动分散作业等特点。在运输过程中，驾驶员常常需要长时间连续驾驶，并始终保持思想高度集中和良好的驾驶状态，时刻对道路条件、道路环境和车辆运行状况等信息进行观察，准确识别潜在的风险，迅速地操控车辆应对各种风险，劳动强度较大。

二、环境复杂多变，安全风险大

车辆行驶途中，车流、人流、道路条件和天气条件等都在不断发生变化，驾驶员每时每刻所遇到的交通情况都会不同，比如，前方有行人突然横穿道路、前方车辆突然减速、后侧车辆不断闪灯、前方道路突然变窄、前方突然出现团雾等。每一种异常情况的出现，都预示着随时会有交通事故发生的危险，需要驾驶员及时、正确应对。

三、瞬间的不规范操作，对社会危害大

驾驶员不遵守职业行为要求，哪怕是一时的疏忽，都可能会引发交通事故，给社会带来巨大的危害。交通事故不仅仅会给驾驶员自身造成影响，还会造成乘员伤亡和财产损失，或者造成货物损毁和丢失，给自己和他人带来痛苦。驾驶员通常是家庭生活的重要支柱，当他们因安全事故致残、致死或面临牢狱之灾时，不仅会严重影响家庭的正常生活，还将给整个家庭蒙上阴影，给亲人留下永远的伤痛。此外，安全事故产生的高额赔偿费用，会给道路运输企业带来赔偿纠纷，使企业蒙受重大损失。安全事故还可能引起环境污染，引发纠纷和社会恐慌，造成社会的不稳定，阻碍社会和谐和经济发展。

四、服务对象多样，行业形象影响大

驾驶员在开展道路客货运输任务时，除了将旅客或货物安全、准时送达目的地外，还肩负着为旅客或托运人提供运输服务的职责。随着人们出行需求、物流需求的不断增长，驾驶员每天都要与众多来自四面八方的旅客、外国游客以及托运人接触，在向旅客、托运人提供运输服务的同时，会产生语言、感情、思想等方面的联系，其言谈举止不仅仅反映出个人的素质，还代表着道路运输行业的形象，是行业文明的"窗口"。

五、工作环境较差，损害生理和心理健康

驾驶员在车辆运行中常常受到车辆颠簸、振动和环境噪声的影响，工作环境恶劣，容易引发生理疾病；此外，驾驶员面临着复杂、多变的交通环境，长时间处于高度紧张状态，同时还会受到各种外界因素的刺

第二章 道路运输驾驶员的社会责任与职业道德

激,比如遭遇其他道路交通参与者的挑衅、乘客因不理解而无端指责等,心理状态容易发生变化,甚至产生消极、抑郁心理。

第二节 道路运输驾驶员的社会责任

道路运输驾驶员作为道路运输行业从业人员中的关键一员,除须对所在企业履行必要的职责外,还须对社会担负起一定的责任。

一 确保乘客生命财产安全

将乘客安全地送达目的地,是道路旅客运输的第一要求,一般包括乘客人身安全、行包安全、交通安全等。包括道路运输驾驶员在内的客运经营者在运营之前,应尽可能地排除车辆存在的安全隐患,禁止易燃易爆和其他明令禁止的危险品上车,不得超载和超速,安全驾驶,要将乘客的人身财产安全放在首位。

二 保障货物完好、及时送达

道路运输驾驶员要严格按照承运人和托运人的要求,遵照协议,在指定的时间和地点将货物完整地送达。否则,需要赔付由于运输过程中产生的货物损坏、丢失和延期送达造成的经济损失。

三 避免其他交通参与者生命财产损失

道路作为一个特殊的公共场所,需要所有人遵守道路交通安全法律法规,维护其公共秩序。道路运输驾驶员要严格遵守法律法规,履行社会义务,在保障乘客、承运人和托运人利益的同时,也要保障其他交通参与者的人身财产安全。

四 促进运输行业经济发展

交通运输业在经济发展和社会进步中的作用举足轻重,是国民经济发展的命脉。道路运输驾驶员需要以身作则,保障乘客人身财产安全,保障货物完整准时送达,树立行业良好的形象,从而为国家经济发展和社会发展铺平道路。

五 节能减排、保护环境

道路运输车辆尾气排放对空气造成的污染,对环境造成极大的破坏。作为道路运输行业的一员要义不容辞地承担起保护环境、节约燃料的重要责任,要控制燃油的使用,也要注意安排好车次,以利于控制运输成本,减少空载的次数等。

第三节 道路运输驾驶员的职业道德

道德是一种社会意识,是人们行为规范和准则的总和,是调整人与人之间、个人与社会之间关系的准则。职业道德是指从事一定职业的人们,在特定的职业生活中所应遵守的行为规范和准则的总和。道路运输驾驶员的行为规范和准则与社会关系甚为密切,道路运输驾驶员作为集体活动中的一员,往往单独执行任务,具有操作独立性强、活动自由度大等特点，若一时疏忽，很可能会造成人民生命财产的巨大损失，因此，道路运输驾驶员养成良好的职业道德观念显得尤为重要。

一、道路运输驾驶员的职业道德规范

由于道路运输驾驶员的岗位特殊，这就要求道路运输驾驶员在职业活动中，要严格遵守道路运输职业道德。其职业道德的主要内容如下：

1 遵章守法、安全行车

在道路运输活动中，遵章守法、安全行车是道路运输驾驶员职业道德最主要和最重要的内容之一，是由道路运输驾驶员的职业特点所决定的，也是道路运输职业活动能够正常进行的基本保证。遵章守法就是要求道路运输驾驶员遵守道路运输的相关法规。安全行车主要是指保障旅客乘车安全、货物完好无损地送到目的地，并确保自身和车辆安全。道路运输驾驶员应将遵章守法放在首位，加强法纪观念，确保行车安全，避免各类事故的发生。

遵章守法、安全行车的要求是：

（1）认真学习国家有关道路运输的法律法规和政策，做到学法、知法、守法和用法，充分认识违法违章的危害性，切不可我行我素。在严格守法的同时，懂得用法律法规来保障自己的合法权益，解决纠纷。

（2）树立"安全就是效益"的思想，努力提高安全驾驶操作技能，探索安全行车规律，始终把人民群众的生命财产安全放在首位。

（3）培养良好的驾驶作风和职业习惯。能否实现安全运输，不仅与道路运输驾驶员的技术素质相关，而且还与其个性、涵养和习惯有关。因此，道路运输驾驶员要加强自身修养，培养良好的个性心理，不开快车，不开"英雄车"，不开"斗气车"，经常保持冷静的心态，做到得理也让人，尽量避免引起争端，主动积极地维护公共秩序和交通秩序。

2 爱岗敬业、优质服务

职业道德要求道路运输驾驶员必须热爱本职岗位，树立敬业精神，以"干一行，爱一行，专一行"的姿态，落实到实际的工作中去。同时本着全心全意为人民服务的宗旨，做到优质服务，展现"窗口行业"的风采。优质服务的前提是爱岗敬业，不热爱自己专业的人谈不上敬业，更谈不上优质服务。因此，道路运输驾驶员要根据乘客、托运人的实际需要，提供规范、科学、安全、优质、高效的服务。

爱岗敬业、优质服务的要求是：

（1）树立良好的职业观，克服世俗偏见，做到爱本职、钻业务、干事业。

（2）具备优质服务的本领，努力提高专业技术和服务品质，要时刻为乘客、托运人着想，做到诚实守信、真诚待人。

（3）树立信誉第一、质量至上的意识，建立稳固的客货源关系，进行长期友好合作，取得良好的社会效益和经济效益。

（4）要树立敬业、爱业的思想，具有我为人人的意识和行动。

（5）要学会自律，保持良好的心态。道路运输驾驶员在驾驶车辆过程中会遇到各种复杂情况，因此要学会自我心理调节，保持良好的心态，做到沉着冷静，不急不躁，从容应对，确保安全。

3 文明经营、公平竞争

随着社会主义市场经济体制的建立，创造一个文明、有序、健康的运输市场是市场经济的必然要求。文明经营是一切服务业树立信誉的第一要求，即通过服务的方式，以平等、友好、热情的态度来对待客户，做到

第二章 道路运输驾驶员的社会责任与职业道德

公开、公平、公正地参与竞争，确保运输市场的规范，提高文明服务水平。

文明经营、公平竞争的要求是：

（1）树立"讲文明、树新风"的思想。道路客运驾驶员要使用规范语言，礼貌待客；道路货运驾驶员要爱惜货物。

（2）要按照社会公德和从事运营方式的不同要求，规范服务标准。保持车容整洁、车况良好，服务设施要齐全、有效。

（3）要在合法合理的前提下增强竞争意识，在实践中要敢为人先，在运输效率和服务品质上创优争先。

（4）树立社会责任感，不欺行霸市，不刁难、不垄断、不封锁，不搞地方保护主义。

4 钻研技术、规范操作

道路运输驾驶员要提高运输效率，确保行车安全，必须掌握过硬的技术，严格遵守操作规程。钻研技术，必须"勤业"，干一行，钻一行，善于从一般了解到熟练掌握，根据行业特点把勤奋的钻劲主要花在技术上，善于从理论到实践，不断探索新情况、新问题，只有这样才能精益求精。规范操作是钻研技术的具体表现，即在操作过程中按照技术要求，遵章循矩，逐步形成规范的技能技巧。

钻研技术、规范操作的要求是：

（1）要重视科学文化知识的学习，同时还要学习和掌握各种与服务有关的技能，注意研究乘客的心理活动规律，以便更好地为乘客服务。

（2）树立技术过硬、服务规范的品质意识。因为业务技术、技能和文化素质体现一个人的整体形象和职业素养，这不仅是职业的需要，也是时代的要求。

（3）重视实践，善于总结提高，掌握过硬的驾驶本领。

二 道路运输驾驶员职业道德的培养

随着社会的发展以及时代的进步，人们对道路运输驾驶员的服务内容、服务品质不断提出新的、更高的要求，因此，道路运输驾驶员必须加强自身职业道德的培养，提高思想觉悟和职业道德水平，以适应社会发展的需要。

1 在日常生活中培养

"勿以恶小而为之，勿以善小而不为"。职业道德最大的行为特点是自觉性和习惯性，而培养人的良好习惯的载体是日常生活。因此，要紧紧抓住这个载体，有意识地培养自己的良好习惯，久而久之，习惯就会成为一种自然，即自觉的行为。在日常生活中培养职业道德行为应做到：

（1）从小事做起，严格遵守行为规范。行为规范是指在行为方面的约定俗成或明文规定的标准、准则，它告诉人们该怎样做，不该怎样做。

（2）从自我做起，自觉养成良好的习惯。良好的习惯是每一个人终身受益的资本，不好的习惯则是人一生的羁绊。每一位道路运输驾驶员都要从自我做起，从行为规范要求入手，从行为习惯训练抓起，持之以恒，只有这样才能养成良好的习惯。

2 在专业学习中训练

专业理论知识与专业技能是形成职业信念和职业道德行为的前提和基础。职业道德行为的养成，离不开知识的学习和技能的提高。在专业学习中训练职业道德行为的要求是：

（1）增强职业意识，遵守职业规范。道路运输驾驶员要在专业学习和实习中增强职业意识，遵守职业规范，这是未来干好职业、实现人生价值的重要前提。

（2）重视技能训练，提高职业素养。道路运输驾驶员要重视技能训练，向劳动模范、先进人物学习，刻苦钻研，培养过硬的专业技能，提高自己的职业素养。

❸ 在社会实践中体验

人的正确思想，只能从社会实践中来。丰富的社会实践是指导人们发展、成才的基础，是实现知行统一的主要场所。职业道德行为的养成离不开社会实践，社会实践是职业道德行为养成的根本途径。在社会实践中体验职业道德行为的方法有：

（1）参加社会实践，培养职业情感。在社会实践中有意识地进行体验，进而了解社会、了解职业、了解自我、熟悉职业、体验职业、陶冶职业情感，培养对职业的正义感、热爱感、义务感、主人感、荣誉感和幸福感等情感。

（2）学做结合，知行统一。在社会实践中，把学和做结合起来，把学到的职业道德知识、职业道德规范运用到实践中，落实到职业道德行为中，以正确的道德观念指导自己的实践，理论联系实际，言行一致，知行统一。

❹ 在自我修养中提高

自我修养指个人在日常的学习、生活和各种实践中，按照职业道德的基本原则和规范，在职业道德品质中有目的地"自我锻炼""自我改造"和"自我提高"。提高自我修养应注意：

（1）体验生活，经常进行"内省"。"内省"一要严于剖析自己，善于认识自己，客观地看待自己，勇于正视自己的缺点；二要敢于自我批评、自我检讨；三要有决心改进自己的缺点，扬长避短，在实践中不断完善自己的职业道德品质。

（2）学习榜样，努力做到"慎独"。"慎独"是指独自一个人在没有外界监督的情况下，也能自觉遵守道德规范，不做对国家、对社会、对他人不道德的事情。道路运输驾驶员要经常激励和鞭策自己，加强道德修养，自觉做到"慎独"，努力提高职业道德修养。

❺ 在职业活动中强化

职业活动是检验一个人职业道德品质高低的试金石。在职业活动中强化职业道德行为要做到：

（1）将职业道德知识内化为信念。内化是指把学到的职业道德知识变成个人内心坚定的职业道德信念、职业道德理想与职业道德原则，以及对自己履行的职业责任和义务的真诚信奉。它是知识、情感和意志的结晶，也是人们职业道德行为的精神支柱。只有这样的职业道德行为，才有坚定性和永久性。

（2）将职业道德信念外化为行为。外化是把内心形成的职业道德信念变成个人自觉的职业道德行为，指导自己的职业活动实践。道路运输驾驶员要履行自己的责任和义务，做一个言行一致、表里如一、有职业道德的人。

CHAPTER 03

第三章

道路运输驾驶员身心健康

通过本章的学习，驾驶员能够了解心理、生理健康与道路客货运输安全的关系，掌握心理健康调节方法，了解道路客货运输驾驶员常见职业病及预防措施。

第一节 道路运输驾驶员的心理健康

一 心理因素对安全驾驶的影响

1 心理素质与安全驾驶的关系

道路交通事故发生原因涉及人、车、路和环境等多重因素,其中人的因素居首位。人的因素中又以驾驶员的因素最为重要,而影响驾驶员安全驾驶的其中一个重要因素就是驾驶员的心理。作为一名道路运输驾驶员,对心理素质的要求是非常高的,要确保安全行车,就要注意调节并消除各种不良心理因素,保持良好的驾驶情绪和心态。

良好心理状态对事物的观察和判断具有积极的作用,表现为观察、反应迅速,判断准确,动作灵敏,操作正确,有利于车辆安全行驶。反之,不良的驾驶情绪将直接或间接地影响到驾驶员的判断与操控动作,妨碍安全行车。

道路运输驾驶员一般持续长时间地驾驶车辆,对体力和精力消耗比较大,在行车过程中,一方面要全神贯注地适应各种路况,因而会表现出积极的适度紧张情绪;另一方面,不断变化的交通环境和交通参与者动态,也会使驾驶员产生恐慌心理。驾驶员在这种紧张的心理状态下长时间或长距离行车,很容易引起焦虑等心理失调现象。

2 常见不良驾驶心理

驾驶员常见不良心理的产生原因及表现见表3-1。

驾驶员常见不良心理的产生原因及表现　　　　表3-1

不良心理	产生原因	表现
过度兴奋	人逢喜事,中枢神经处于亢奋状态	轻率好动,忘乎所以,驾驶车辆动作飘飘然,判断不准确
麻痹大意	(1)道路顺直平坦; (2)路况、车况熟悉	粗心大意,心不在焉
过度自信	(1)骄傲自满,忘乎所以,对自身驾驶技术过度自信; (2)对险情估计不充分	长期驾驶车辆无事故,自恃技术高超,越障能力强,喜欢表现,开"英雄车""逞能车",特别是遇到一些危险情况、复杂路段等,常常冒险、高速通过
侥幸心理	自恃经验丰富,认为偶尔违法不会出事	(1)违反道路通行规定; (2)违法驾驶故障车; (3)酒驾

第三章 道路运输驾驶员身心健康

续上表

不良心理	产生原因	表　　现
赌气与报复心理	遇其他车辆不遵守通行规则影响自己正常行驶	迁怒于对方，把车辆当成发泄自己怨气、实施报复的工具
沮丧厌烦	（1）道路条件差； （2）情绪受挫	中枢神经处于压抑状态，动作呆板、反应迟钝、操作不当
急躁心理	（1）交通拥堵； （2）赶时间开会或赴饭局； （3）家人生病	赶时间、超速、抢黄灯、曲线行驶、强行变道、夹塞等
注意力不集中	（1）与同车乘客聊天； （2）一边驾驶车辆一边打电话； （3）一边驾驶车辆一边吃零食	遇紧急情况反应迟钝，惊慌失措，手忙脚乱
恐慌心理	（1）目睹交通事故现场； （2）对车况、路况不熟悉； （3）通过险路、山路、事故多发路段	过度紧张，情绪失控，动作失调，操作失误，超高速行驶以舒缓恐慌心情

3 提高驾驶员心理素质的对策

驾驶员的心理素质主要是由情绪、注意和意志决定。

（1）情绪。情绪是个体对外界刺激的主观的有意识的体验和感受。道路运输驾驶员要具备情绪的自我调控能力，控制、调整自己的情绪活动并抑制情绪冲动，并注意加强自身修养，树立良好的职业道德，要以乘客生命安全、货物运输安全为最高准则，以高度负责的精神热爱驾驶工作，忠于职守，爱岗敬业。

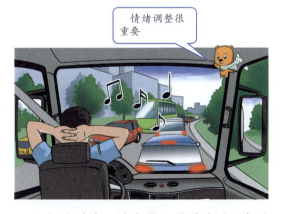

（2）注意。注意是心理活动对一定对象的有选择的集中。道路运输驾驶员要集中注意力，密切关注车辆、行人、道路线型、视距及交通标志标线等一切与驾驶相关的元素，第一时间察看并发现危险征兆，采取预见性驾驶措施，将事故消灭在萌芽阶段，确保安全行车。

（3）意志。意志是人们自觉地确定目的并支配其行动以实现预定目的的心理过程。道路运输驾驶员要有意识地锻炼自己的意志力，在行车过程中保持自觉性、果断性、坚定性和自制性，并自觉遵章守纪，适时坚决地采取正确措施，坚持不懈地克服困难，自我约束，把自己的行动控制在交通安全允许的范围内，圆满完成运输任务。

二 道路运输驾驶员的心理调节

1 良好的思想素质

影响道路运输驾驶员心理素质的因素是多种多样的，有的道路运输驾驶员受社会上各种不正确的人生观、价值观、道德观的影响，染上了许多不良习气，不能正确地把握是非标准；有的道路运输驾驶员心胸狭窄，不能正确处理个人与集体的关系，不能正确对待各种利益的诱惑。因此，道路运输驾驶员应该有高度的政治觉悟、良好的道德修养和顽强的意志力，有正确的人生观和良好的思想素质,凡事要从安全大局出发,思前想后,消除心理上的逆反心理,有一种对国家和人民负责的高度安全责任感,真正做到"车行万里路,时刻保平安"。

2 良好的职业道德

良好的职业道德,可以帮助道路运输驾驶员纠正不健康的心理,形成良好的信念、习惯和约束行为,可以调整个人和社会以及人们彼此之间的关系。所以道路运输驾驶员要以高度负责的精神热爱驾驶工作,明确自己的责任,忠于职守、爱岗敬业。在日常行车中,以交通法规为准则,不论在什么情况下,坚决不做违反交通法规、违反安全制度的事情,自觉维护交通秩序,增强自我约束能力,发生矛盾主动礼让,出现意外尽量宽容,坚持文明行车。

3 良好的心理素质

驾驶汽车时要求沉着冷静、反应迅速、动作敏捷、操作准确,反常心理活动必然导致不良的后果。道路运输驾驶员在行车中无论遇到什么情况,当发现自己情绪不稳定时,要进行自我调解和疏导,用各种方法缓解消极情感,尽量减少对行车安全的影响,提高在各种复杂情况下的反应能力、精神承受压力和自我控制调节的应急能力。养成坚定、顽强、沉着、果断、机智的品格,不为情绪左右,不为外界事物分散精力,形成安全驾驶所要求的心理。能用正确敏捷的思路,在极短的时间内迅速、果断、安全有效地处理瞬息万变的交通情况,确保行车安全。

4 良好的身体素质

身体是承受艰苦工作和精神折磨的物质基础,身体状况不同,也会造成对待挫折态度的不同。道路运输驾驶员要能适应艰苦条件下的劳动,身体应该完全没有影响驾驶工作的疾病。当道路运输驾驶员疲劳过度、患有疾病时就会出现血压不正常、心脏功能不全,遇到紧急情况就会心理紧张,这是非常危险的。如果听力和视力达不到驾驶要求,就不能把行车中遇到的各种情况迅速传至大脑,作出正确的反应和判断,以致发生行车事故。所以道路运输驾驶员应具备良好的身体素质,确保精力充沛,才能够从容不迫地应付行车中各种异常情况和心理上的压力。

5 良好的驾驶习惯

良好的习惯一旦形成,就具有使动作、行为自动化的作用。道路运输驾驶员要坚决杜绝一切不良嗜好,时刻把乘客和车辆的安全放在心中,生活上要有规律,学会用健康的心理和体育活动保健自己,培养严格遵守制度的好习惯。

第二节 道路运输驾驶员的生理健康

在行车过程中驾驶员精神高度集中,体力消耗大,遇有突发事件时还要求驾驶员能灵活果断地处置。因此,驾驶员必须具备较好的生理机能,要有健康的体魄,充沛的精力和体力,以及身体各器官功能的协调配合。

影响驾驶安全的常见生理因素及预防措施如下:

一 听觉

驾驶员长时间连续行车,体力消耗过大,就会出现听觉疲劳。外界环境噪声的

第三章 道路运输驾驶员身心健康

干扰、车上零部件的松动、振动发出的噪声、车内视听系统的声音都会引发听觉器官的疲劳。这时往往会造成驾驶员听力分散，分辨不清声响的性质，或觉察不出有可能造成严重后果的危险声响。遇到这种情况时应将车停到安全地带休息一下，待疲劳解除后再行车。

二 视觉

1 视力、视野与道路交通安全

按驾驶员特性，视力可分为3种：静视力、动视力和夜视力。驾驶员在行车中尤其要注意动视力和夜视力。动视力一般比静视力低10%～20%，在特殊情况下甚至比静视力低30%～40%，动视力随速度的变化而变化，车速越快，动视力下降越明显，超速行驶发生事故的重要生理原因之一是车速过快影响动视力。夜视力与光线亮度相关，光线越亮，夜视力越好。

通常条件下，人静态双眼视野为200°左右。驾驶员的视野与车速密切相关，车速越快，视力注意点向远处延伸，近处周围物体难以看清，视野就越小。

由此可见，高速行驶，驾驶员的视距、视野均随车速增加而缩小，道路两旁的物体呈带状向后"飞驰"，转瞬即逝，对行车安全有极大威胁。因此，驾驶员在行车过程中一定要遵守限速规定，尤其是遇雨雪雾天或夜间，更要注意及时减速。

2 明适应、暗适应与道路交通安全

当人长时间在明亮环境中突然进入暗处时，最初看不见任何东西，经过一定时间后，视觉敏感度才逐渐增高，能逐渐看见在暗处的物体，这种现象称为暗适应。相反，当人长时间在暗处而突然进入明亮处时，最初感到一片耀眼的光亮，不能看清物体，只

有稍待片刻才能恢复视觉，这称为明适应。明适应时间较短，一般只需几秒钟到1min，通常对视觉影响不大。暗适应时间较长，一般要经过4～6min才能适应。

驾驶员驾驶机动车进入隧道时，眼睛要经历暗适应过程，出隧道则要经历明适应过程。因此，驾驶员行至隧道入口前约50m处时，要提前开启前照灯、示廓灯，及时观察车速表并降低车速，以不高于隧道口标志规定的速度进入隧道，才能适应隧道内的昏暗环境。驾驶车辆驶出隧道前，要预先注意出口标志，观察隧道外的路面状况，保持精力集中，安全驶出隧道。

三 酒驾

有些驾驶员自认为酒量大、车技高超、经验丰富，另外由于侥幸心理作祟，饮酒或醉酒后驾驶车辆，险象环生，极易因转弯操作不当飞出路外或撞到建筑物上，无视过路行人将其撞伤、无视交通信号或不注意交叉路口、转错转向盘而迎面撞上驶来的车辆等，造成车毁人亡的悲剧。

当驾驶者血液中酒精含量达到80mg/100mL时，发生交通事故的概率是血液中不含酒精时的2.5倍；达到100mg/100mL时，发生交通事故的概率是血液中不含酒精时的4.7倍。即使在少量饮酒的状态下，交通事故的危险度也可达到未饮酒状态的2倍左右。

酒精对驾驶员会产生以下几方面的影响：

（1）存在视觉障碍。饮酒后驾驶员的视野会缩小，视觉受到影响，使人的色彩感觉功能降低。醉酒的驾驶员甚至只能看到周围环境的很小一部分。

（2）运动反射神经迟钝。饮酒影响人的中枢神经系统，驾驶员饮酒后反应会迟钝1~2s。高速行驶的车辆在1s内会驶出很长一段距离，必然会产生严重后果。

（3）触觉能力降低。因酒精具有麻醉作用，驾驶员饮酒后，手与脚的触觉与控制能力都会降低，身体平衡感减弱，往往无法正常操作加速踏板、离合器踏板、制动踏板及转向盘。

（4）思考、判断能力降低。驾驶员饮酒后对光、声刺激的反应时间延长，记忆力下降，注意力不集中，无法准确判断距离、速度与空间。

（5）理性及自制力下降。在酒精的刺激下，驾驶员会过度兴奋，情绪变得不稳定，会过高估计自己的驾驶技术，盲目自大，对周围人的劝告常不屑一顾，往往做出力不从心的事。

（6）嗜睡。饮酒后由于酒精作用，80%的人会困倦、嗜睡，表现为一开车就犯困想睡觉，从而引发交通事故。

四 疾病与服用药物

驾驶员在病态下开车，注意力和反应力会大大降低，动作不协调，准确性和速度也会下降，慢性疾病同样会增加发生交通事故的可能性。大多数驾驶员都知道酒后不能驾驶车辆，但很少有人知道常见药物也会引起不良反应，从药理学角度看，某些药物对神经系统的影响强度超过了酒精，甚至一些中药乃至保健品也可能影响到交通安全。驾驶员服用某些可能影响安全驾驶的药物后依然驾驶车辆出行的现象屡见不鲜。

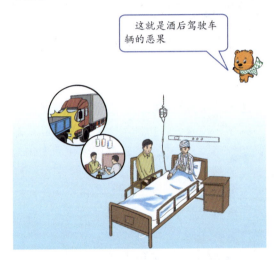

驾驶员在生病服药期间最好不要驾驶车辆，并且要注意以下几点：

（1）看病时，主动与医生沟通，请医生尽量避免使用会对驾驶产生不良影响的药物。对于普通常见感冒，最好选用中成药或选择不含抗组胺药成分的，如日夜百服宁中的"日片"、白加黑中的"白片"等。

（2）仔细阅读药品使用说明书，特别是"用量、禁忌症和副作用"等，严格遵医嘱服药。

（3）不要重复用药，不要超剂量用药，以免引起药物的不良反应或相互作用。

（4）服用药物2h内不能开车，最好5h内不要驾驶车辆。

临床上服用后会影响行车安全的常见药物及副作用见表3-2。

第三章 道路运输驾驶员身心健康

临床上服用后会影响行车安全的常见药物及副作用　　表3-2

类　别	副作用	举　例
抗感冒	多数感冒药含有"抗组胺"成分，会导致全身乏力、疲劳、嗜睡	康泰克、日夜百服宁、三九感冒灵胶囊、复方盐酸伪麻黄碱缓释胶囊、速效感冒胶囊、感冒通以及一些止咳糖浆等
抗过敏	对中枢神经系统有较强的抑制作用，导致头晕、嗜睡、视物模糊、口干、倦乏	苯海拉明、异丙嗪、扑尔敏等
抗抑郁焦虑	全身乏力、疲倦、口干	百优解、丙咪嗪、多虑平和苯乙肼等
镇定安眠	对中枢神经系统有抑制作用，眩晕、嗜睡、呕吐、震颤以及视力模糊、头痛和昏厥	地西泮、艾司唑仑、劳拉西泮等
降压降糖	降压药易引起嗜睡、头痛、眩晕和低血压反应等；降糖药会引起药物性低血糖反应，如心悸、头晕、多汗、虚脱等	心得安、利血平、硝苯地平、络活喜、波依定、尼莫地平及尼群地平等
支气管、血管扩张等兴奋类药物	使人过于兴奋，导致驾驶员在开车时不能很好地控制加速踏板、离合器踏板和制动踏板	硝酸甘油、洛贝林、诺龙等
止痛	驾驶员反应迟钝，注意力不集中，控制力下降	布洛芬缓释胶囊、布洛芬等
酊剂	所有酊剂药物都含有酒精，服用后会被检测为酒驾	藿香正气水、复方五味酊、养阴清肺糖浆、人参蜂王浆及金喉健喷雾剂、云南白药酊等
质子泵抑制药	偶有疲乏、困倦反应	奥美拉唑、兰索拉唑、泮托拉唑等
抗高血压药	较大剂量时可引起嗜睡、乏力、注意力不集中，产生幻觉	利血平、甲基多巴等

五 疲劳驾驶

1 疲劳驾驶的表现

疲劳驾驶是指驾驶员长时间坐在驾驶座位上，由于长时间集中精力观察路况，操纵车辆，生理或心理发生某种变化，而在客观上出现驾驶机能低下的现象。疲劳驾驶是引发交通事故的一个重要因素，常见的驾驶疲劳的表现有：打呵欠，眼皮沉重，头昏脑涨，眼睛酸涩，口干舌燥，驾驶车辆走神，反应稍显滞后，操纵车辆不及时，甚至出现瞬间意识模糊，控制不住地打盹等。

2 疲劳驾驶的原因

导致疲劳驾驶的因素及主要原因见表3-3。

导致疲劳驾驶的因素及主要原因　　表3-3

因　素	主要原因
睡眠质量	睡眠不足，睡眠质量不高，睡眠环境差等
生活环境	琐事多，与家人或同事关系不和睦，精神负担重等
车内环境	温度过高或过低，噪声过大，座椅不合适，振动剧烈等
车外环境	路面状况差，交通环境复杂，气候条件不良等
运行条件	长时间、长距离行车，车速过快或过慢，过于限制到达时间等

续上表

因　　素	主要原因
身体条件	从事其他劳动导致体力消耗过大、体力、耐力差、视听能力下降，患有某种疾病，或药物或酒精引起的疲劳等
驾驶经历	技术水平低，操作生疏，驾驶经验缺乏，心理紧张等

3 疲劳驾驶的危害

疲劳驾驶会导致驾驶员在行车中体力下降，注意力不集中，视觉模糊，困倦、四肢无力，判断力下降，不能及时发现和正确处理路面交通情况。一旦驾驶员不由自主地出现瞬间意识模糊的情况，车辆会偏离行驶路线，完全失去控制，后果不堪设想。

4 疲劳驾驶的预防措施

（1）提高对疲劳驾驶的防范意识，从思想上充分认识其危害，分析疲劳驾驶产生的原因，找出对策。

（2）保证充足的睡眠时间。养成规律的作息习惯，每天确保8h睡眠时间。

（3）一般情况下，连续驾驶时间不要超过4h，连续行车4h必须停车休息20min以上。

（4）掌握好持续行车的时间节奏。长途行驶期间每两小时停车休息一次，安排好途中的食宿和休息。

（5）确保车况良好。做好车辆维护工作，避免和减少途中抛锚，减少不必要的时间、精力、体力的消耗。

（6）疲劳驾驶易发生交通事故的时间段为中午、深夜和凌晨。在中午11时至13时、深夜24时至2时、凌晨4时至6时三个时间段更要谨慎驾驶。

六 反应时间

驾驶员从接收到危险信号到采取措施的时间即为驾驶员的反应时间。影响驾驶员反应时间的因素包括驾驶员的年龄、身体状况、行车经验、驾车时段、道路条件、气象条件等。通常，驾驶员的平均反应时间一般为0.6～0.8s，驾驶员在危急情况下受惊吓时反应时间大多会大于1s，甚至会导致把加速踏板误当作制动踏板的错误。

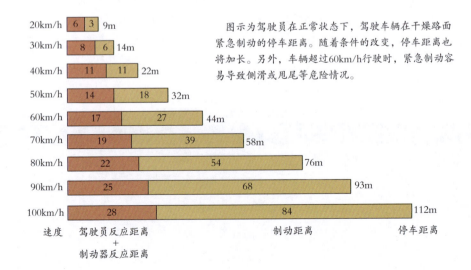

图示为驾驶员在正常状态下，驾驶车辆在干燥路面紧急制动的停车距离。随着条件的改变，停车距离也将加长。另外，车辆超过60km/h行驶时，紧急制动容易导致侧滑或甩尾等危险情况。

第三章　道路运输驾驶员身心健康

如果车辆以一定的速度行驶,驾驶员采取制动措施的过程中,在驾驶员的反应时间、车辆制动系统响应时间及制动系统起作用时间内车辆仍将行驶一段距离才能停下来,停车距离与车辆行驶速度及制动系统性能密切相关。

汽车的停车距离随车速的增加而增加,因此车速越快,跟车距离应越大,如果驾驶员在驾驶车辆时精力不集中,如聊天、吃东西、吸烟等都会影响驾驶员的反应时间,导致动作迟滞,惊慌失措,停车距离延长,以致发生事故。所以驾驶员在驾驶车辆的过程中,必须根据车速保持合适的跟车距离,确保前车紧急制动时,能随之制动而不与前车追尾,并集中注意力,保持高度警惕,及时发现危险情况,果断采取应急措施。

第三节　道路运输驾驶员常见疾病及预防方法

驾驶员经常会面临长时间驾驶、长时间处于高度紧张状态、缺乏运动和饮食不规律等不良生活方式,因此,会不同程度地患有颈椎病、腰椎病、胃病等生理疾病,对行车安全构成威胁。

一　常见疾病

1 脊椎病

驾驶员脊椎病的发生率很高,包括脊椎增生、肥大、变形等,主要表现为颈部、肩部、背部、腰部和肢体疼痛、麻木。当驾驶员出现脊椎病变时,会因疼痛分散注意力,影响驾驶员对车辆的操控能力。长时间驾驶、坐姿和体位不正确是引起脊椎病的主要原因。

2 颈椎病

较轻的颈椎病症为头部、颈部、肩臂麻木疼痛,重者可致肢体酸软无力、头昏乏力、心慌和胸闷。当驾驶员患有颈椎病时,不仅会影响驾驶员的驾驶操作,而且还容易因疼痛而分散注意力,降低辨识交通风险和应对紧急情况的能力。长时间连续驾驶、操作不规范和紧急制动是引起颈椎病的主要原因。

3 肩周炎

肩周炎的主要症状为肩关节疼痛、肌肉无力、肩部活动障碍等。发病初期,肩部轻度酸痛,逐渐加重;严重者,稍一触碰,疼痛难忍。驾驶员患肩周炎后,由于肩关节疼痛和活动受限,对车辆的操控能力会下降。长时间驾驶和不正确的驾驶姿势是引起肩周炎的主要原因。

4 胃病

胃病是驾驶员常见的生理疾病之一。常见为消化不良、胃部疼痛,严重者会引起胃肠大出血。胃病发作时,绞疼感易使驾驶员分散注意力,影响行车安全。长期不合理、不规律的饮食习惯,是引起胃病的主要原因。

三　其他疾病

驾驶员在道路状况不好，特别是遇到堵车、他人强行加塞或交通事故等情况时，情绪容易波动，烦躁不安，这些都容易加重失眠、焦虑等方面的疾病，也易引起高血压等疾病。

男性驾驶员长期久坐，空间密闭，温度高，会影响生殖能力。此外，驾驶员还会因为长时间不方便而憋尿，引起泌尿系统方面的疾病，如前列腺炎、泌尿系统感染及功能性排尿障碍等疾病。

三　疾病预防方法

人体长时间保持一个姿势时，血液会不流通，人的身体状态会发生变化，因此，驾驶员在运输过程中首先要根据自己的身高、体形调整好座椅位置，保持正确的坐姿；其次，要注意通过坐、站、走、卧等不同行为状态的变换，促进血液循环，缓解紧张状态和调节情绪，使身体和心理状况始终处于最佳状态。比如，在等信号灯或遇到交通拥堵时，驾驶员可以坐在座位上做做头部、颈部、手部、腿部、肩部和背部运动。

充足的睡眠、健康和有规律的饮食对驾驶员同样是非常重要的。出车前，驾驶员要做好行车计划，安排好用餐时间，尤其是坚持吃早餐，饮食注意营养均衡，每餐进食以七八成饱为好，不要暴饮暴食，进餐速度要适中。运输途中，及时饮水，补充水分。

CHAPTER 04

第四章

道路运输车辆知识

通过本章的学习,驾驶员能够了解道路运输车辆新标准以及新技术、新设备的作用,掌握道路运输车辆维护周期、维护作业内容以及常见故障识别方法,掌握道路运输车辆的安全检视项目、方法。

第一节　道路运输车辆卫星定位系统使用常识

道路运输车辆卫星定位系统是指以提供道路运输车辆实时位置和状态信息为特征，具有运输车辆驾乘人员及运输车辆管理者等用户远程信息服务，反映运输车辆实时动态数据，能对服务范围内的车辆进行管理和控制的综合性信息处理系统。卫星定位系统由车载终端、政府平台、企业平台和计算机通信网络等组成，通过系统各组成部分之间的互联互通，实现业务管理以及数据交换和共享，是加强道路运输车辆动态监管，预防和减少道路交通运输事故的重要工具。

一、道路运输车辆安装北斗兼容车载终端的要求

车载终端是指安装在道路运输车辆上满足工作环境要求，具有卫星定位系统、移动网络接入、道路运输车辆行驶记录、道路运输车辆相关信号采集和控制，与其他车载电子设备进行通信，提供政府平台或企业平台所需的信息，完成卫星定位系统对车辆控制功能的装置。

根据国家有关规定的要求，旅游客车、包车客车、三类以上班线客车、危险货物运输车辆、重型载货汽车（总质量为12t及以上的普通货运车辆）和半挂牵引车在出厂前应当安装符合标准要求的北斗兼容车载终端。

道路旅客运输企业、道路危险货物运输企业和拥有50辆及以上重型载货汽车或者牵引车的道路货物运输企业应当按照标准建设道路运输车辆动态监控平台，或者使用符合条件的社会化卫星定位系统监控平台，对所属道路运输车辆和驾驶员运行过程进行实时监控和管理。

道路旅客运输企业和道路危险货物运输企业监控平台应当接入全国重点营运车辆联网联控系统，并按照要求将车辆行驶的动态信息和企业、驾驶员、车辆的相关信息逐级上传至全国道路运输车辆动态信息公共交换平台。道路货物运输企业监控平台应当与全国道路货运车辆公共监管与服务平台（以下简称道路货运车辆公共平台）对接，按照要求将企业、驾驶员、车辆的相关信息上传至道路货运车辆公共平台，并接收道路货运车辆公共平台转发的货运车辆行驶的动态信息。

凡未按规定安装或加装北斗兼容车载终端的车辆，交通运输管理部门不予配发或审验《道路运输证》。对不按规定使用、故意损坏卫星定位装置的个人，依照相关规定给予处理；造成严重后果的，依法追究相关责任人的法律责任。

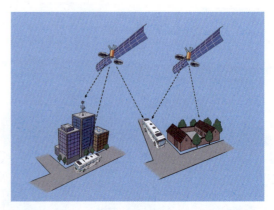

二、北斗兼容车载终端的技术性能

北斗兼容车载终端应符合《道路运输车

第四章 道路运输车辆知识

辆卫星定位系统 北斗兼容车载终端技术规范》（交通运输部公告2013年第21号）的要求，具有自检、定位、通信、信息采集、行驶记录、监听、通话、休眠、警示、终端管理、人机交互、信息服务、电召服务、多中心接入、车辆故障远程诊断、使用前锁定、自动关闭通信、双向语音通话等功能。

1 自检功能

通过信号灯或显示屏明确表示车载终端当前主要状态，如出现故障，则通过信号灯或显示屏显示方式指示故障类型等信息，存储并上传至监控中心。

2 定位功能

终端可提供实时的时间、经度、纬度、速度、高程和方向等定位状态信息，可存储到终端内部，同时通过无线通信方式上传至监控中心。采用北斗卫星定位的终端应具有北斗卫星信息采集功能，能够存储或向监控中心上报北斗定位结果及卫星定位模块详细定位数据。

3 信息采集功能

终端可采集驾驶员身份、电子运单、车辆CAN总线中的车辆参数信息、车辆载货状态、车辆营运数据、收费结算数据、图像、音频、视频等信息。

4 行驶记录功能

终端可记录事故疑点数据、行驶状态数据、车辆行驶里程等信息，并提供数据分析软件，支持行驶记录数据的实时上传、条件检索上传和数据接口导出功能。

5 休眠功能

终端应具有车辆ACC点火检测功能。当车辆熄火后，终端向监控中心发送车辆熄火信号并自动进入休眠状态。

6 警示功能

终端警示功能分为人工报警与自动提醒。

（1）人工报警是驾驶员根据现场实际情况触发的报警，包括：当遇到抢劫、交通事故、车辆故障等紧急情况，驾驶员通过触动应急报警按钮向监控中心上传报警信息，同时关闭语音报读模块。如果终端具有图像、视频、音频采集功能，则立即启用该功能。

（2）自动提醒是驾驶员不对终端进行任何操作，终端根据监控中心设定的条件触发，包括以下内容。

①区域提醒。当车辆驶入禁入区域或驶出禁出区域时触发，监控区域可由监控中心远程设置。

②路线偏离提醒。当车辆驶离设定的路线时触发，监控路线可由监控中心远程设置。

③超速提醒。终端可根据预设的速度阈值或通过接收监控中心下发的信息触发，以提醒驾驶员当前处于超速状态。

④疲劳驾驶提醒。驾驶员连续驾驶时间超过疲劳驾驶时间阈值时触发。疲劳驾驶时间阈值可由监控中心远程设置，默认为4h。

⑤蓄电池欠压提醒。终端检测车辆蓄电池电压低于预设值时触发，同时终端须停止从车辆蓄电池取电，转由终端内置备用电池供电。

⑥断电提醒。终端在被切断主供电源时触发。

⑦超时停车提醒。停车时间超过系统预设时间时触发。

⑧终端故障提醒。当终端主机及与终端主机连接的外部设备工作异常时触发，并上传至监控中心。

⑨碰撞、侧翻提醒。当终端检测到强力碰撞或侧翻时触发预警，触发后终端应采用最小报送时间间隔上传车辆状态及定位信息，以便监控中心确认碰撞或侧翻提醒。

三、卫星定位系统监控平台的技术性能

监控平台是指以计算机系统及通信信息技术为基础，通过卫星定位技术等手段，实现对管辖范围或服务范围内的车载终端和用户进行管理的系统平台，包括政府监管平台和企业监控平台，其技术性能要求应符合《道路运输车辆卫星定位系统平台技术要求》（JT/T 796）。

政府平台主要实现对上级政府平台的数据报送和对下级政府平台的管理，对企业平台的监管和服务，具备报警、车辆动态监控管理、车辆视频监控、车辆查询与统计管理、运输企业动态管理等功能。

企业平台主要实现对接入平台车辆的安全运营状况进行实时监控，具备报警及警情处理、车辆监控管理、历史轨迹回放、定时定位车辆查询、车辆视频监控等基本功能以及偏离路线报警、线路关键点监控、区域报警、分路段限速监控、疲劳驾驶报警、驾驶员身份识别、营运线路查询、乘客超员监控等业务功能。

第二节 道路运输车辆使用常识

一、车辆技术档案

按照《道路运输车辆技术管理规定》的要求，道路运输经营者应当建立车辆技术档案制度，实行一车一档。档案内容主要包括：车辆基本信息，车辆技术等级评定、客车类型等级评定或者年度类型等级评定复核、车辆维护和修理（含《机动车维修竣工出厂合格证》）、车辆主要零部件更换、车辆变更、行驶里程、对车辆造成损伤的交通事故等记录。档案内容应当准确、翔实。车辆所有权转移、转籍时，车辆技术档案应当随车移交。

二、车辆维护

车辆维护是为维持车辆完好技术状况或工作能力而进行的作业。道路运输车辆的技术状况是直接影响道路运输安全、节能、环保的重要因素。对道路运输车辆定期进行维护和检测，既是确保车辆符合国家技术法规的重要保证，又是保障运行安全的重要措施。交通运输部颁布实施的《道路旅客运输及客运站管理规定》《道路货物运输及站场管理规定》《道路危险货物运输管理规定》和《道路运输车辆技术管理规定》等部令，对道路运输车辆管理提出了新的要求，特别强调对道路运输车辆实行定期维护制度，执行《汽车维护、检测、诊断技术规范》（GB/T 18344）标准。

1. 车辆维护的分类

车辆维护分为日常维护、一级维护和二级维护三级（表4-1）。

车辆日常维护作业的基本内容如下：

（1）对汽车外观、发动机外表进行清洁，保持车容整洁。

（2）对汽车各部润滑油（脂）、燃油、冷却液、制动液、各种工作介质、轮胎气压进行检视补给。

（3）对汽车制动、转向、传动、悬架、灯光、信号等安全部位和位置以及发动机运转状态进行检视、校紧，确保行程安全。

第四章 道路运输车辆知识

车辆维护分类　　　　　　　　表4-1

类别	定义
日常维护	日常维护指以清洁、补给和安全检视为作业中心内容，由驾驶员在每日出车前、行车中、收车后负责执行的车辆维护作业
一级维护	一级维护指除日常维护作业外，以清洁、润滑、紧固为作业中心内容，并检查有关制动、操纵等安全部件，由维修企业负责执行的车辆维护作业
二级维护	二级维护指除一级维护作业外，以检查和调整转向节、转向摇臂、制动蹄片、悬架等经过一定时间的使用容易磨损或变形的安全部件为主，并拆检轮胎，进行轮胎换位，检查调整发动机工作状况和排气污染控制装置等，由维修企业负责执行的车辆维护作业

2 道路运输车辆维护的相关规定

（1）道路运输经营者应当依据国家有关标准和车辆维修手册、使用说明书等，结合车辆类别、车辆运行状况、行驶里程、道路条件、使用年限等因素，自行确定车辆维护周期，确保车辆正常维护。车辆维护作业项目应当按照国家关于汽车维护的技术规范要求确定。

（2）道路运输经营者可以对自有车辆进行二级维护作业，保证投入运营的车辆符合技术管理要求，无须进行二级维护竣工质量检验。道路运输经营者不具备二级维护作业能力的，可以委托二类以上机动车维修经营者进行二级维护作业。机动车维修经营者完成二级维护作业后，应当向委托方出具二级维护出厂合格证。

（3）道路运输经营者应当遵循视情修理的原则，根据实际情况对车辆进行及时修理。

（4）道路运输经营者用于运输剧毒化学品、爆炸品的专用车辆及罐式专用车辆（含罐式挂车），应当到具备道路危险货物运输车辆维修资质的企业进行维修。专用车辆的牵引车和其他运输危险货物的车辆由道路运输经营者消除危险货物的危害后，可以到具备一般车辆维修资质的企业进行维修。

三 车辆检测和技术等级评定

（1）道路运输经营者应当定期到机动车综合性能检测机构，对道路运输车辆进行综合性能检测，并自道路运输车辆首次取得《道路运输证》当月起，按照下列周期和频次，委托汽车综合性能检测机构进行综合性能检测和技术等级评定：

①客运车辆、危险货物运输车辆自首次经国家机动车辆注册登记主管部门登记注册不满60个月的，每12个月进行1次检测和评定；超过60个月的，每6个月进行1次检测和评定。

②其他运输车辆自首次经国家机动车辆注册登记主管部门登记注册的，每12个月进行1次检测和评定。

（2）客运车辆、危险货物运输车辆的综合性能检测应当委托车籍所在地汽车综合性能检测机构进行。普通货运车辆的综合性能检测可以委托运输驻在地汽车综合性能检测机构进行。

四 车辆安全装置、备品的使用

1 汽车安全带

公路客车、旅游客车的所有座椅、其他汽车（低速汽车除外）的驾驶员座椅和前排乘员座椅均应装置汽车安全带。汽车安全带应可靠有效，安装位置应合理，固定点应有足够的强度。

所有驾驶员座椅、前排乘员座椅（货车前排乘员座椅的中间位置除外）、客车位于踏步区的车组人员座椅，装置三点式（或四点式）汽车安全带；卧铺客车的每个铺位应安装两点式汽车安全带。起步前，驾驶员应系好安全带，调整好座椅和后视镜位置，并督促同车乘员系好安全带。

2 应急出口

当车辆发生火灾、侧翻等紧急情况或事故时，应急出口对于保障乘员逃生或救援人员有效开展施救非常重要。应急出口包括应急门、应急窗或撤离舱口。

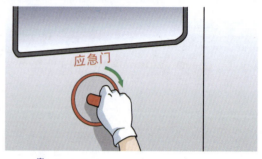

每个应急出口的附近都应设有"应急出口"字样。在乘客门和应急出口的应急控制器（包括用于击碎应急窗车窗玻璃的工具）的附近，应标有清晰的符号或字样，并注有操作方法。

1 应急门

应急门是指仅在异常、紧急情况下作为乘客出口的车门。车长大于等于6m的客车，如车身右侧仅有一个乘客门且在车身左侧未设置驾驶员门，则在车身左侧设置有应急门。

应急门关闭时，由锁止机构自动锁止，在车辆正常行驶情况下不会因车辆振动、颠簸、冲撞而自行开启。当车辆停止时，应能从车内和车外不用工具方便地打开应急门。所有应急门都提供声响装置，在应急门未完全关闭时提醒驾驶员。

2 应急窗

应急窗是指仅在紧急情况下作为乘客出口的车窗。车长小于6m的客车，在乘坐区的两侧应设有乘客易于逃生或救援的侧窗。卧铺客车的卧铺布置为上、下双层时，侧窗洞口为上、下两层。

应急窗应采用易于迅速从车内外开启的装置；或在钢化玻璃上标明易击碎的位置，并在每个应急窗的邻近处提供一个应急锤以方便地击碎车窗玻璃，且应急锤取下时应能通过声响信号实现报警。

3 撤离舱口

撤离舱口是指仅在紧急情况下供乘客作为应急出口的车顶或地板上的开口，即安全顶窗和地板出口。安全顶窗应易于从车内外开启或移开或用应急锤击碎。安全顶窗开启后，应保证从车内外进出的畅通。弹射式安全顶窗应能防止误操作。

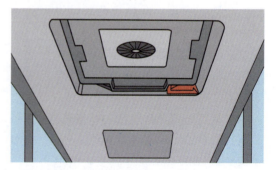

3 灭火装置及危险警告标志

灭火器是驾驶员在初期火灾进行紧急自

第四章 道路运输车辆知识

救的重要工具。道路运输车辆应配备足量、有效的灭火器，且应安装牢靠、便于取用。灭火器应在车辆（客厢）内按前、后，或前、中、后进行分布，其中一个应靠近驾驶员座椅。驾驶员应每月检查一次灭火器压力，查看标注的有效期，及时更换失效的灭火器。

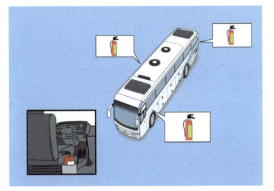

发动机后置的客车，通常装备有发动机舱自动灭火装置。自动灭火装置主要由易燃线和干粉喷粉装置组成。喷粉装置安装在发动机高温热源部件上方，当发动机舱内起火（或高温）引燃了易燃线时，自动引爆干粉喷粉装置喷粉，达到自动灭火效果。

汽车（无驾驶室的三轮汽车除外）装备有符合规定的危险警告标志，在车辆出现故障或发生事故临时停车时，驾驶员应按规定摆放危险警告标志。

4 车身反光标识和车辆尾部标志板

总质量大于等于12000kg的货车（半挂牵引车除外）和车长大于8m的挂车及所有最大设计车速小于等于40km/h的汽车和挂车，应设置符合规定的车辆尾部标志板。

半挂牵引车应在驾驶室后部上方设置能体现驾驶室的宽度和高度的车身反光标识，其他货车和挂车（设置有符合规定的车辆尾部标志板的除外）应在后部设置车身反光标识。后部的车身反光标识应能体现机动车后部的高度和宽度，厢式货车和挂车应能体现货厢轮廓。

所有货车（半挂牵引车除外）和挂车应在侧面设置车身反光标识。侧面的车身反光标识长度应不小于车长的50%，对货厢长度不足车长50%的货车，车身反光标识长度应为货厢长度。

5 汽车和挂车侧面及后下部防护装置

总质量大于3500kg的货车（半挂牵引车除外）和挂车应提供防止人员卷入的侧面防护。货车列车的货车和挂车之间应提供防止人员卷入的侧面防护。侧面防护装置不可增加车辆的总宽。

总质量大于3500kg的货车（半挂牵引车除外）和挂车（长货挂车除外）的后下部应装备符合规定的后下部防护装置，该装置对追尾碰撞的机动车应有足够的阻挡能力，以防止发生钻入碰撞。后下部防护装置的宽度不可大于车辆后轴两侧车轮最外点之间的距离（不包括轮胎的变形量），其下边缘离地高度不可影响车辆的通行能力。

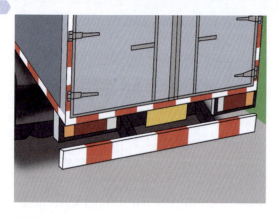

五 货运牵引车、（半）挂车连接、分离方法

1 牵引车与半挂车的连接

（1）检查连接装置应安全可靠，无受损件或脱落件。

（2）检查牵引座表面应有足够的润滑油脂，并保证牵引滑板的清洁。

（3）在半挂车轮胎下用三角木垫稳，放下半挂车支承装置且使其与地面连接稳固，半挂车装载的货物应固定牢固。

（4）操纵牵引座的锁止机构，使锁止块张开，呈自由状态。

（5）由专人指挥将牵引车缓慢直线后倒，在牵引车座与牵引销连接后，将牵引座的锁止机构置于"锁止"位置，并停止倒车。

（6）连接牵引车与半挂车之间的制动管路接头和灯用电缆插头（注意同色接头相连接），收起挂车支承装置。

（7）拧开牵引车的气路连接分离开关，使其处于通气状态；起动发动机，观察气压表，检查气路无漏气，制动系统工作正常。

（8）检查灯光信号正常，检查牵引车与半挂车之间的匹配高度、回转空间应符合要求。

2 牵引车与半挂车的分离

（1）选择平坦、坚实的地面停车，保持牵引车与半挂车成一条直线。

（2）放下挂车支承装置，且使其与地面连接稳固；旋转摇把，稍抬高半挂车牵引滑板，解除对牵引车的全部载荷。

（3）断开制动管路接头和灯用电缆的插头，开启牵引座的锁止机构。

（4）将牵引车慢慢驶离半挂车，使牵引座与牵引销完全脱离。

（5）检查半挂车各部件无异常，松开储气筒下部的放水阀，排出筒内积水。

六 车辆常见故障识别及排除方法

道路运输车辆常见故障包括发动机故障、底盘故障和电气设备故障。车辆在使用过程中，由于各种原因，难免发生故障。道路运输驾驶员应掌握一定的故障诊断与排除方法，对车辆常见故障进行及时有效的处置，这不仅对恢复车辆正常运行、降低消耗、提高运输效率有利，而且还可以延长车辆的使用寿命。对于一些故障，如道路运输驾驶员无法自行排除的，应求助于专业维修人员进行检修。

车辆故障识别及排除方法

七 轮胎的合理使用及更换

轮胎是汽车行驶系统中的主要部件，其性能的优劣直接影响车辆的制动性、通过性、稳定性和舒适性。合理使用轮胎，延长其使用寿命，是降低运营成本及保证车辆安全运行的重要措施之一。

1 轮胎使用寿命的影响因素

轮胎气压和负荷、行驶速度、气温、道路条件、汽车技术状况、驾驶方法、轮胎维护品质和管理技术等因素，对轮胎使用寿命影响很大。

1 气压和负荷的影响

轮胎气压偏离标准是轮胎早期损坏的

第四章 道路运输车辆知识

主要原因，尤其以气压不足对轮胎的危害最大。

轮胎气压越低，胎侧变形越大，使胎体帘线产生较大的周期性交变应力；还因摩擦加剧使轮胎温度升高，降低了橡胶和帘线的抗拉强度。当轮胎气压过高时，轮胎接地面积减小，增大了单位面积上的负荷；同时，轮胎弹性也相应减小，因胎体帘线过于伸张，应力随之增大。由此造成胎冠的磨损增加，容易引发胎面剥离或爆胎。

2 汽车行驶速度和气温的影响

汽车在高速行驶时，胎面与路面摩擦频繁，滑移量大，使胎体温度升高，结果导致轮胎气压增高；汽车在高速行驶时，其动负荷也较大。气温对轮胎使用寿命的影响也很大，尤其在气温和车速均较高时，轮胎使用寿命会明显缩短，其根本原因是轮胎气压急剧升高。

3 道路条件的影响

路面材料和平坦度影响摩擦力和动负荷的大小，由此，也会直接影响轮胎的使用寿命。若以汽车在沥青等良好路面上行驶时，轮胎使用寿命为100%，则在非铺装路面上，轮胎的使用寿命约降低50%。

4 汽车技术状况的影响

汽车底盘的技术状况（尤其是行驶系统）不良，会造成轮胎的异常磨损。如轮辋变形或偏心、轮毂轴承松旷、车轮不平衡、轮毂与转向节轴偏心、转向节轴弯曲以及制动器拖滞等，都会导致轮胎异常磨损。

5 驾驶技术的影响

轮胎的使用寿命与汽车驾驶技术紧密相关，例如起步过猛、紧急制动频繁、转弯过急和碰撞障碍物等，都会加速轮胎的损坏。

6 轮胎维护品质的影响

对轮胎维护时，不认真执行强制维护的原则，或在汽车二级维护中，没有将拆检轮胎、进行轮胎换位等作为主要内容，就不能保持轮胎的良好技术状况。

7 轮胎管理技术的影响

轮胎保管条件不良或方法不当，也将引起轮胎的早期损坏。

轮胎与矿物油、酸类物质和化学药品接触，会使橡胶、帘布层等遭受腐蚀。保管期间受阳光照射，室温过高或空气过于干燥，会加速轮胎老化；空气中水分过多，轮胎受潮，会使帘布层霉烂变质。内胎折叠存放，会产生裂痕；外胎堆叠，将引起变形。

2 轮胎的正确使用方法

合理使用轮胎，可降低轮胎磨损，防止不正常的损坏，延长其使用寿命。

1 合理搭配

轮胎应按照规定车型配装，并根据行驶地区道路条件选择适当的胎面花纹。要求在同一轴上装用厂牌、尺寸、帘线层数、花纹、磨耗程度相同的轮胎。同一名义尺寸的不同厂牌的轮胎，其实际尺寸会有所差别，轮胎尺寸大小不一致，会产生高低不一，承受负荷不均衡，附着力不一样，最终导致磨耗不均匀。胎面花纹不同，与地面附着系数也会不同，同样会造成磨耗程度的差别。因此，不能将外周尺寸大小不一致、花纹不相同的轮胎混装使用。

2 掌握胎压

轮胎工作气压直接关系到汽车行驶的安全性和经济性。轮胎制造厂在设计各种规格的轮胎时，都规定了其最大负荷量和相应的充气压力，使用时应按轮胎规定的气压标准进行充气，否则，将造成轮胎早期磨损和损坏。

3 严禁超载

当汽车超载或装载不均衡时，便引起轮胎超载。

53

超载时轮胎损坏的特点和胎压过低行驶时的损坏相似。但是，超载时轮胎损坏更严重。因为，在这种情况下，胎体帘线的应力加大，轮胎材料的疲劳强度下降，产生热量大（特别是在轮胎胎肩部位），而且轮胎与路面接触面积上的压强增大，分布便不均匀。

轮胎超载不许用提高胎压的方法补偿。因为，这会引起胎体帘线的应力显著增大，造成轮胎的早期报废。

超载的轮胎碰上障碍物时，易导致胎冠爆破。超载还能引起胎体脱层，胎面和胎侧脱空。当悬架的弹簧变形时，超载可能使轮胎与车身相接触，导致轮胎损坏。

④ 合理控制车速

随着车速的增加，轮胎的变形频率、胎体的振动以及轮胎的圆周和侧向扭曲变形也随之增加。当车速达到某一速度时，此能量大部分转换成热量，使轮胎的工作温度和气压升高，加速老化。此外，车速过高，胎体受力增加，还容易产生帘布层破裂和胎面剥落现象，严重时造成轮胎爆裂，这在高速公路行驶时是非常危险的。因此，控制车速是非常必要的。

⑤ 注意胎温

轮胎的工作气压应与胎温相适应。汽车在行驶时，其轮胎断面产生变形，而形成挠曲变形，轮胎产生内部摩擦，引起轮胎发热，胎温升高，胎内气体受热膨胀，致使胎压升高。

我国北方地区冬季时间长，气温较低，每年从11月中旬至次年3月上旬，大气温度大都低于13℃，从而有利于充分发挥轮胎的最佳性能，可适当增加轮胎的气压29～49kPa。但在炎热的夏季，轮胎内的摩擦产生的热量不易散发出去，应适当降低轮胎的充气压力。所以，夏季行车时，要特别注意爆胎问题。在行驶中如果发现胎温过高，应将汽车停在阴凉地点，待胎温降低后再继续行驶，不得采用泼冷水或放气降压的办法给轮胎降温。

⑥ 保持车况良好

保持车况良好，尤其是汽车底盘技术状况良好，是防止轮胎早期损坏的有效措施。当底盘机件装配不当或出现故障时，轮胎不能平稳滚动，产生滑移、拖曳或摆振，使轮胎遭到损坏；漏油故障会使油类滴落到轮胎上浸蚀橡胶，也会造成轮胎早期损坏。

⑦ 正确驾驶

行车过程中，驾驶员因尽量避免急剧加速、紧急制动、超速行驶和急剧转弯，以及不经心驶过和碰撞障碍物等。

❸ 轮胎更换

轮胎更换的步骤及要求如下（以后轮外侧轮胎更换为例）：

（1）在车辆后方50～100m处放置警告标志牌。

（2）使用气压表检测后轮外侧轮胎的气压，读出气压值。

（3）在其余轮胎下加止动块，以防止车辆溜动。

（4）使用专用工具拆卸备胎，并使用气压表检测备胎的气压，读出气压值。

（5）使用套筒扳手按对角顺序旋松后轮胎螺母。

（6）使用千斤顶在后桥规定的位置将车身顶起，使后轮离开地面2～3cm。

（7）使用套筒扳手按顺序卸下后轮胎螺母，将轮胎卸下。操作时可使用撬棒进行辅助操作。

（8）安装备胎。安装备胎时，应使两轮轮辋通风口对准，两胎气门嘴应对称排列，要求按180°分开。

第四章 道路运输车辆知识

（9）使用套筒扳手预紧固后轮胎螺母。后轮胎螺母的预紧固应按对角顺序进行，并要求螺母的锥形端面必须与螺栓口的锥形端面紧密结合。

（10）放下千斤顶，使后轮胎着地。

（11）使用套筒扳手按顺序逐一将后轮胎螺母再紧固一遍，要求旋紧力矩达到规定数值。

（12）将换下的后轮外侧轮胎固定在备胎支架上。

（13）将工具放回工具箱，并取回止动块以及放置在车辆后方的警告标志牌。

第三节 道路运输车辆安全检视

一、出车前的安全检视

出车前（发动机起动前）的车辆安全检视内容和方法见表4-2。

出车前（发动机起动前）的车辆安全检视内容和方法　　　　表4-2

检视部位	检视项目	检视内容和方法
车辆外部	风窗玻璃	检查风窗玻璃是否干净，有无裂痕，是否张贴了影响驾驶视线的异物
	车灯和反光器	绕车辆一周，检查车灯和反光器是否完好、干净，反光器是否牢固
	外后视镜	检查外后视镜是否完好、干净、牢固
	燃油箱	检查燃油箱和油箱盖是否牢固、完好，并检查燃油箱是否有渗漏，油量是否充足
	备胎	利用气压表检查备胎胎压是否符合要求，检查备胎、备胎架是否牢固
	号牌	检查车辆前后号牌是否干净、清晰，有无异物遮挡，是否牢固
	行李舱门	检查行李舱门是否能自由开启，锁止是否牢固
	轮胎	利用气压表检查轮胎气压是否符合标准；利用轮胎深度尺检查轮胎花纹深度是否符合标准；检查轮胎表面有无鼓包、裂纹、割痕等，胎面有无夹石，轮胎气门嘴帽是否齐全；利用扳手检查轮胎各螺栓、螺母是否紧固，并检查有无缺少
	转向横直拉杆	利用扳手检查转向横直拉杆球头是否松旷，各部螺栓、螺母是否紧固
	前桥	检查前桥有无变形、裂纹
	后桥	检查后桥有无变形、裂纹
	钢板弹簧	利用扳手检查钢板弹簧有无断裂、错位、缺片，挠度是否正常
	U形螺栓	利用扳手检查U形螺栓是否齐全，有无松动
	传动轴螺栓	利用扳手检查传动轴各连接螺栓是否齐全，有无松动
	万向节	利用扳手检查万向节是否松旷，有无裂纹
	车架	检查车架有无变形，纵横梁有无裂纹，利用扳手检查铆钉有无松动
	储气筒	检查储气筒是否完好，有无漏气。起动发动机，中速运转数分钟，查看气压表值是否在正常范围，检查储气筒内是否有压缩空气，如气压表指针为"0"，查看储气筒放水开关是否完好

续上表

检视部位	检视项目	检视内容和方法
车辆外部	制动管路	检查制动管路是否有裂纹、老化及磨损,有无渗漏
	驾驶室翻转机构	开启拉杆,检查驾驶室翻转机构是否能灵活翻转,锁止是否可靠
	车厢栏板	检查车厢侧栏板和后栏板是否完好、牢固,并打开、闭合后栏板,检查后栏板挂钩是否牢靠
	侧防护装置	对于总质量大于3500kg的货车和挂车,检查两侧有无侧防护装置,侧防护装置是否牢固,有无破损。本身结构已能防止行人和骑车人等卷入的货车和挂车除外
	后防护装置	除牵引车和长货挂车以外的货车和挂车,空载状态下其车身或无车身底盘总成的后端离地间隙大于700mm的,检查有无后防护装置,后防护装置是否牢固,有无破损
	牵引车与挂车连接装置	检查牵引车与挂车连接装置是否坚固耐用,牵引车与挂车连接装置的结构是否能确保相互连接牢固,连接装置的安全装置是否完好、有效
发动机舱	蓄电池	检查蓄电池架是否牢固;检查蓄电池电解液是否清洁,液面高度是否符合规定,有无漏液;检查蓄电池电桩夹头是否清洁、牢固,有无腐蚀或松动
	润滑油	检查润滑油是否色清、无杂质;拔出润滑油尺擦拭干净,重新插入再拔出,检查润滑油油量是否充足,液面高度是否在润滑油尺刻度的上下限之间;检查发动机油底壳的接触面、油封、排放塞、润滑油滤清器是否漏油
	冷却液	检查冷却液是否充足,液面高度是否在刻度的上下限之间;检查冷却液水箱、水管是否漏水
	风窗玻璃清洗液	检查风窗玻璃清洗液是否充足
	制动液及管路	检查制动液有无杂质,是否充足,液面高度是否在刻度的上下限之间;检查制动液管路有无渗漏
	风扇传动带	检查风扇传动带有无损伤,用手指按压传动带中部,检查风扇传动带松紧度是否适中
	高低压线路	检查高低压线路有无松脱
驾驶室内部	仪表及指示灯	检查仪表是否清洁,有无杂物;接通发动机电源,检查各仪表和指示灯显示是否正常
	转向盘	接通发动机电源,保持转向轮不动,向左或向右轻轻转动转向盘,检查转向盘自由转动量是否超过10°;如转向盘自由转动量过大,检查前轮毂轴承是否松动、球接头配合间隙是否过大、转向器内齿杆齿条的配合间隙是否过大
	驻车制动器操纵杆	接通发动机电源,检查驻车制动器操纵杆的移动量是否为3~5齿
	变速器操纵杆	接通发动机电源,检查变速器操纵杆换挡是否轻便、灵活,锁止是否可靠
	缓速器操纵装置	接通发动机电源,检查缓速器操纵装置是否能自由开启、换挡是否灵活、闭合是否牢固
	离合器踏板	检查离合器踏板的自由行程是否为30~40mm
	制动踏板	检查制动踏板的自由行程是否符合规定
	加速踏板	检查加速踏板的自由行程是否符合规定

第四章 道路运输车辆知识

续上表

检视部位	检视项目	检视内容和方法
驾驶室内部	安全带	检查安全带是否损坏，是否能够牢固地插入锁扣
	内后视镜	检查内后视镜是否干净，视野范围是否调整得当
	安全设施及装置	检查安全设施及装置，包括灭火器、警告标志牌。检查车辆是否配备灭火器，配备的灭火器是否放置妥当，是否在有效期内；检查车辆是否配备警告标志牌，配备的警告标志牌是否放置妥当
	车门	检查车门是否完好、有效，开启是否灵活，闭合是否牢固
	车内灯	检查车内灯是否完好、清洁；开启车内灯开关，检查车内灯是否有效
	行李架	检查行李架是否牢固、清洁
	应急门	检查应急门是否完好、有效，开启是否灵活，闭合是否牢固
	栏杆及扶手	检查栏杆及扶手是否完好、牢固，有无污渍
	座椅	检查座椅是否整齐、干净、完好
	地板	检查地板有无污渍，是否湿滑

出车前（发动机起动后）的车辆安全检视内容和方法见表4-3。

出车前（发动机起动后）的车辆安全检视内容和方法 表4-3

检视部位	检视项目	检视内容和方法
车辆外部	灯光及信号控制装置	打开各灯光及信号控制开关，绕车辆一周，检查各灯光及信号装置（包括近光灯、远光灯、示廓灯、前雾灯、后雾灯、转向灯、倒车灯、制动灯等）是否齐全、有效
发动机舱	发动机	检查发动机运转是否平稳，有无异响
驾驶室内部	各仪表及指示灯	检查各仪表及指示灯显示是否正常
	喇叭按钮	按动喇叭按钮，检查喇叭是否能正常发声，音量和音调是否稳定
	风窗玻璃刮水器及洗涤器	打开洗涤器控制开关，检查洗涤液能否正常喷出；打开风窗玻璃刮水器开关，检查刮水器叶片与风窗玻璃接触是否完好

三 行车中的安全检视

行车中的车辆安全检视内容和方法见表4-4。

行车中的车辆安全检视内容和方法 表4-4

检视项目	检视内容和方法
各部位油、液、气	绕车辆一周，检查各部位有无漏油、漏液、漏气
轮胎	检查轮胎表面有无破损、刮痕，有无夹石及异物，用气压表测量各轮胎气压是否符合规定，并检查轮胎温度是否过高
制动鼓及轮毂	检查制动鼓及轮毂的温度是否过高
前后悬架	利用扳手检查前后悬架与车身连接螺栓是否紧固，弹性元件有无裂纹、刮伤或变形，减振器有无漏油

续上表

检视项目	检视内容和方法
转向横直拉杆及转向臂	利用扳手检查转向横直拉杆及转向臂各接头连接螺栓、螺母是否紧固
钢板弹簧	检查钢板弹簧有无断裂、位移、缺片
U形螺栓	利用扳手检查U形螺栓是否紧固
传动轴	检查传动轴有无泄漏和裂纹,传动轴螺栓是否齐全、紧固
灯光及信号控制装置	打开各灯光及信号控制开关,绕车辆一周,检查各灯光及信号装置是否齐全、有效
后视镜	检查后视镜是否完好、干净,调整是否得当
备胎	检查备胎固定是否牢固
安全设施及装置	检查安全设施如灭火器、警告标志牌是否存在、完好

注:行车中的车辆安全检视应在中途停车后进行。

三、收车后的安全检视

收车后的车辆安全检视内容和方法见表4-5。

收车后的车辆安全检视内容和方法　　　　表4-5

检视项目	检视内容和方法
各部位油、液、气	绕车辆一周,检查各部位有无漏油、漏液、漏气
风扇传动带	打开发动机舱盖,检查风扇传动带是否完好,有无磨损,并用手指按压传动带中部,检查风扇传动带的松紧度是否适中
轮胎	检查轮胎表面有无破损、刮痕,有无夹石及异物,用气压表测量各轮胎气压是否符合规定

CHAPTER 05

第五章

危险源辨识与防御性驾驶方法

通过本章的学习，驾驶员能够掌握道路运输行车危险源辨识的基本概念，能正确地辨识道路运输过程中的危险源，掌握道路运输防御性驾驶方法，掌握常见的不安全驾驶行为及其产生的主要原因，纠正不安全驾驶的习惯。

第一节 危险源及防御性驾驶的含义

道路运输驾驶员是一种高危职业，在行车过程中时时刻刻潜藏着各种危险，如果驾驶员掌握危险源识别的知识，仔细观察交通动态，提前预判存在的各种危险源，进而采取正确的防御性驾驶措施，就能最大限度地避免道路交通事故的发生。

一、危险源与危险源辨识

危险源是可能导致死亡、伤害、职业病、财产损失、工作环境破坏或这些情况组合的根源或状态。

危险源辨识就是识别危险源并确定其特性的过程。危险源辨识不但包括对危险源的识别，而且必须对其性质加以判断。

二、危险源的分类

危险源可分为根源危险源和状态危险源。根源危险源是客观存在的，在行车过程中主要是要控制状态危险源。

三、防御性驾驶

防御性驾驶是预测危险、避免事故的驾驶方法。掌握防御性驾驶方法，集中注意力，密切观察交通动态，准确地识别、预测由其他交通参与者、不良气候或路况引发的危险，及时采取合理、有效的应急措施，防止意外事故的发生，远离危险。

第二节 驾驶员、其他交通参与者的不安全行为

在影响道路交通安全的各种因素中，人是起主导作用的因素。研究表明，人的不安全行为造成的事故占到了全部交通事故的70%~90%。人的不安全行为主要是指各种交通参与者的违法行为、不规范操作等。

一、驾驶员的不安全行为

1 违法驾驶行为

在近几年发生的重特大道路交通事故中，95%以上的交通事故中存在驾驶员违法驾驶行为，违法驾驶是引发道路交通安全事故的重要原因之一。道路客货运输驾驶员较为典型的违法驾驶行为包括超速行驶、违法装载（客车超员、货车超载、货车违法载客）、驾驶"带病"车辆上道路行驶、违法超车、占道或逆向行驶、疲劳驾驶、未按规定让行、酒后驾驶、行车中接打电话、无证驾驶、违法停车和倒车等（表5-1）。

常见违法驾驶行为引发的事故案例

违法驾驶行为的危险特征　　　　　　　　　　　表5-1

危险源类型	危险特征
超速行驶	（1）增加汽车的制动距离； （2）驾驶员的视野变窄、反应时间延长； （3）车辆行驶时的操纵稳定性下降，尤其在湿滑或结冰路面行驶，容易出现车辆侧滑；

第五章　危险源辨识与防御性驾驶方法

续上表

危险源类型	危险特征
超速行驶	（4）车辆在弯道超速时，受到的离心力增大，易出现车辆侧翻； （5）长时间高速行驶，车辆轮胎等安全部件易出现性能异常
违法装载	（1）构成车辆或货物的不安全状态，影响车辆操控性能； （2）增加事故危害程度
驾驶"带病"车辆上道路行驶	（1）影响车辆操控性能； （2）引发制动、转向等失效或爆胎危险
违法超车	（1）必须借用左侧相邻车道或占用对向车道行驶，与其他车辆形成交通冲突； （2）超越前车时可能会出现超速行驶； （3）超车后，返回车道时与被超车辆安全距离不足； （4）前方视线不良，没有全面观察交通情况而盲目超车
占道行驶或逆向行驶	与对向来车形成交通冲突
疲劳驾驶、酒后驾驶、行车中接打电话	驾驶员注意力分散、反应时间延长、操控能力下降，误操作增多
未按规定让行	（1）与其他车辆形成交通冲突； （2）驾驶员集中精力于抢行，忽视了交通状况的全面观察
违法停车或倒车	（1）在行车道内停车或高速公路停车上下客，影响后续来车的正常通行； （2）未按规定正确摆放危险警告标志或开启车灯，使其他交通参与者不能正确辨识潜在的风险； （3）错过路口时，冒险倒车，与后续来车形成交通冲突
无证驾驶	（1）驾驶与准驾车型不符的车辆，驾驶员缺乏安全操控知识和技能； （2）无资质从事运输活动，驾驶员缺乏安全运营的知识和技能

驾驶员出现违法驾驶行为的原因主要有以下几个方面，需要引起注意并能够克服：

（1）驾驶员安全意识、守法意识不足，缺乏安全驾驶知识，不能正确认识到违法驾驶行为的危害；

（2）驾驶员情绪不稳定或者抱有侥幸心理、盲目从众心理、寄托于他人礼让的心理等；

（3）驾驶员因疲劳、服用药物或吸食毒品产生生理状况异常变化；

（4）运输时间安排过紧，迫使驾驶员产生心理压力。

2 驾驶员操作不当

在行车过程中，驾驶员不能根据道路交通状况的变化，准确操控车辆的转向、制动和挡位等，控制好车辆的行驶位置、行驶方向、速度和安全距离，会给行车带来安全隐患，甚至引发事故（表5-2）。

应急处置不当引发的事故案例

驾驶员操作不当的危险特征　　表5-2

危险源类型	危险特征
车辆行驶路线与位置不当	（1）骑压道路中心线行驶或占道行驶，尤其是在转弯路段，与对向来车形成交通冲突； （2）长时间骑压车道分界线行驶，使后续来车不能正确理解其行驶意图，并产生不良情绪； （3）长时间占用快速车道慢行，迫使其他机动车变更车道，并使其产生不良情绪； （4）转弯时，不注意内外轮差，不能安全通过； （5）路基松软路段，车辆与路侧距离过近，易发生侧翻

续上表

危险源类型	危险特征
转向操控不当	（1）快速通过转弯路段时，易出现转向过度或转向不足，发生碰撞或坠车； （2）遇其他交通参与者突然横穿道路，急打方向避让，车辆易失稳或发生碰撞、坠车； （3）遇对向来车占道行驶，急打方向避让，车辆易失稳或发生碰撞、坠车
制动操控不当	（1）在湿滑或结冰路面上紧急制动，易发生侧滑； （2）下长坡时，频繁使用行车制动，易出现制动热衰退
挡位使用不当	（1）上坡时车辆挡位使用不当，出现熄火溜车； （2）下坡时使用高速挡，未充分利用发动机阻力制动，被迫频繁使用行车制动
会车操作不当	（1）会车时未提前减速，在高速状态下向右避让，出现转向过度； （2）在坡路、临崖路、障碍物路段会车时，未按规定让行，易发生碰撞或坠车

驾驶员出现操作不当的原因主要有以下几个方面，需要引起注意并能够克服：

（1）驾驶员没有全面观察道路交通情况，只对个别信息进行处置；

（2）驾驶员因疲劳、服用药物或吸食毒品产生生理状况异常变化，操控能力下降；

（3）驾驶员缺乏驾驶经验，遇到紧急情况时，不能沉着应对、冷静处置；

（4）驾驶员存在不良驾驶习惯，操作动作不规范。

三 其他交通参与者的不安全行为

在车辆运行中，其他机动车驾驶员、行人或骑自行车人的不安全行为也会形成安全隐患，造成交通事故（表5-3）。

其他交通参与者不安全行为的危险特征 表5-3

危险源类型	危险特征
其他机动车	（1）出现强行加塞、抢行等不安全驾驶行为，寄托于他人礼让，与其他车辆形成交通冲突； （2）以自我为中心的驾驶员，当他人影响自己正常行车时，易产生报复心理； （3）新手不能熟练操控车辆，易妨碍他人正常驾驶，并使其产生情绪波动； （4）道路养护（工程）车辆会在路侧临时停车作业，影响后续来车的正常通行
行人	（1）儿童缺乏交通安全常识，玩耍时不顾及周边的交通情况，突然横穿道路，形成交通冲突； （2）儿童在车辆周边玩耍，因身材矮小，容易落入驾驶盲区； （3）老年人反应迟钝、行动缓慢，应变能力差； （4）青年人喜欢并排行走或戴耳机听音乐，不注意周边的交通情况，妨碍机动车的正常通行
骑自行车人或骑电动车人	（1）青少年成群骑自行车时，喜欢逞能、冒险，速度比较快，不顾及周边交通状况； （2）雨天，骑车人只顾低头避雨，匆忙赶路，不注意遵守交通规则，妨碍机动车的正常通行； （3）当非机动车道的路况不好时，骑车人常常占用机动车道行驶，妨碍机动车的正常通行； （4）前方有障碍物时，骑车人会突然改变行驶路线绕行，形成交通冲突； （5）骑电动车人突然横穿道路或在车辆之间穿行，形成交通冲突

第五章 危险源辨识与防御性驾驶方法

第三节 车辆、行李物品及货物的不安全状态

道路交通安全事故分析表明，车辆制动、转向等安全部件的性能突然失效，或者货物装载不当、出现遗撒等，是引发事故的重要原因之一。驾驶员需要对此类危险源采取必要的防范措施。

非法装载危险品引发的事故

一 车辆的不安全状态

与小型汽车相比，道路客货运输车辆的车长、车高等尺寸要大，使用强度相对要高，机件容易出现故障，给车辆运行带来安全隐患（表5-4）。

道路客货运输车辆不安全状态的危险特征　　表5-4

危险源类型	危险特征
车辆技术参数的影响	（1）车身高度、宽度尺寸较大，驾驶员盲区大； （2）车体重心高，行驶稳定性变差，转弯速度过快易发生侧翻； （3）车辆自重较重，惯性力较大，停车距离长，事故危害程度大； （4）车身较长的车辆，转弯时占用的空间大
车辆运行状态的影响	（1）发动机舱温度过高，易引发火灾； （2）行驶中车身振动大，易使货物产生位移
车辆制动系统故障	（1）制动盘（鼓）、管路等存在故障，易造成制动失效； （2）驻车制动器效能降低，坡路驻车能力下降，容易发生溜车
车辆转向系统故障	（1）转向盘自由行程过大，易出现转向不足或转向过度； （2）转向助力失效时，转向盘操控困难
车辆传动系统故障	（1）离合器自由行程过大，分离不彻底，挂挡操作困难； （2）变速器挂挡困难、易脱挡，车辆难以正常行驶
车辆照明、信号装置故障	（1）低能见度情况下，前照灯损坏会影响驾驶员观察； （2）转向灯损坏，不能正确传递行车意图
车辆行驶系统故障	（1）车辆悬架、减振系统故障，车辆经过凹凸不平路段，车身颠簸严重； （2）轮胎气压不符合要求，异常磨损，与路面的附着能力下降，易发生爆胎
其他安全部件失效	（1）车速表故障，驾驶员不能准确判断行车速度； （2）后视镜破损，会影响驾驶员观察； （3）刮水器失效，在雨雪天会影响驾驶员视线； （4）安全带织带破损、不能正常系扣，发生碰撞、翻车等事故时，无法保护乘员的安全； （5）灭火器、安全锤等应急工具缺失，使火灾时的应急处置变得困难； （6）车辆反光标识缺失，其他机动车驾驶员在夜间无法正确辨识

二 行李物品、货物的不安全状态

运输过程中，行李物品的摆放及货物装载不正确，会给车辆运行带来安全隐患（表5-5）。

行李物品、货物不安全状态的危险特征　　　　　　　　　　　表5-5

危险源类型	危险特征
客车行李物品的不安全因素	(1) 随车携带易燃、易爆等危险物品，易引发火灾、爆炸等事故； (2) 行李物品占用安全通道或堵塞安全出口，影响紧急情况下的安全逃生； (3) 行李物品摆放不正确，从行李架掉落，易造成乘员伤害
货物的不安全因素	(1) 货物堆码过高，提高整车的重心，行驶稳定性变差； (2) 货物覆盖不严或固定不当，易脱落或遗撒，影响后方来车的正常通行； (3) 没有按照货物运输要求采取相应的防范措施，导致货物处于不稳定状态

第四节　危险源识别与防御性驾驶方法

一、各种行驶状态的危险源识别与防御性驾驶方法

1 跟车危险源辨识与防御性驾驶

跟车危险源与防御性驾驶对策见表5-6。

跟车危险源与防御性驾驶对策　　　　　　　　　　　表5-6

危　险　源	防御性驾驶对策
跟车距离近	保持较大的安全跟车距离，速度越快，跟车距离应越大。跟车距离约等于行车车速的公里数，如车速=100km/h，跟车距离约为100m
前车较大，视线受阻	当前车为大型客货车时，会遮挡驾驶员的视线，不知道前方道路及交通信号情况，必须保持较大的跟车距离，特别是在通过路口时，不要贸然紧跟前车通过，以免误闯红灯，发生危险
前车为公交车或出租汽车	公交车临近车站时，会靠边停车；出租汽车招手即停。跟随公交车或出租汽车行驶时，也要加大跟车距离，密切注意前车动态，以防前车突然紧急制动或突然变道
前车为低速车	当前车为拖拉机、三轮车、载重货车等行驶速度较低、加速性能比较差的车时，应保持较大的间距，在确保安全的情况下，伺机超越
夜间跟车	夜间跟车要开近光灯，不能开远光灯，跟车距离比白天要加大一些
坡道跟车	跟车上坡时，加大跟车距离，以防前车突然熄火后溜车；跟车下坡时要控制车速，随着车速的增加，跟车距离也要随之加大
弯道跟车	前车转弯时会遮挡驾驶员的视线，形成视线盲区，因此要加大跟车距离，待前车通过弯道后再转弯
险要路段跟车	跟车通过简易桥梁、傍山险路等险要地段时应减速或停车，待前车安全通过后再通过
泥泞路段、冰雪路段跟车	道路湿滑，容易发生侧滑，跟车行驶要沿前车车辙前进，并加大跟车距离
雾天跟车	由于雾天视线不清，因此要密切注意前车喇叭、示廓灯、制动灯等声音和灯光信号，保持合理的跟车间距，既不能太近，也不能太远，太近容易追尾，太远容易失去行驶参照目标
跟车行驶时，后车示意超越	若条件允许，靠右让行，让速让道；若条件不允许，不要轻易让道

第五章 危险源辨识与防御性驾驶方法

❷ 会车危险源辨识与防御性驾驶

会车危险源与防御性驾驶对策见表5-7。

会车危险源与防御性驾驶对策 表5-7

危险源	防御性驾驶对策
窄路会车	低速谨慎会车，必要时停车让行
窄桥会车	正确估计双方距离桥的远近和车速，不能盲目抢行。距桥近、速度快的车辆先通过，距桥远、速度慢的车辆要减速先避让
施工路段会车	道路施工路段车道变窄，要根据对面来车的车速、道路情况等预判是加速通过施工路段还是减速让行，要避免在施工路段会车
坡道会车	在狭窄的坡道会车，上坡车让下坡车先行
道路有障碍物会车	如果遇到有障碍物，与障碍物距离较近、车速较快的车辆先行
弯道会车	弯道处会车，驾驶员视线受阻，要严格遵守靠右行通行原则，保持一定的横向间距，不能侵占对向车道行驶
夜间会车	夜间会车时，在照明良好的道路上行驶，不能使用远光灯；在没有路灯或虽有路灯但照明不好的道路上，可以使用远光灯，但如果对面有车驶来，须在150m时互相关闭远光灯，改用近光灯，注意路况，低速会车，必要时可停车避让
泥泞路段、冰雪路段会车	道路湿滑，切忌紧急制动或急转转向盘，应握紧转向盘，保持两车足够的横向间距，低速会车，必要时停车交会。靠边让路时不要压路基，土质路基松软，容易塌陷造成翻车
雾天会车	两车交会时应鸣喇叭提醒对面车辆注意，如果对方车速较快，应主动减速让行

❸ 超车危险源辨识与防御性驾驶

超车危险源与防御性驾驶对策见表5-8。

超车危险源与防御性驾驶对策 表5-8

危险源	防御性驾驶对策
对向有来车	在双向两车道道路行驶，与对向来车有会车可能时不能超车
前车示意左转弯、掉头或正在超车	不能超车，待前车完成左转弯、掉头或超车后，再伺机超车
后方有跟车	观察后方来车有无超车意向，如后方车辆示意超车，则暂时不要超车
拥堵路段超车	在拥堵路段最好不要超车
坡道超车	在上坡接近坡顶的时候，由于看不清前方路面状况，不能贸然超车
弯道超车	在弯道处行车由于驾驶员视线受阻，超车容易侵占对向车道引发危险，一般在弯道处不能超车
隧道超车	通过隧道时，由于光线较暗，车道较窄，不能超车
泥泞路段、冰雪路段	在恶劣天气情况下，或通过泥泞、冰雪等复杂路段时，很容易发生侧滑等危险，不能超车
超越停在路边的车辆	鸣喇叭，加大与车辆的横向间距，细致观察所停车辆动态，防止有人突然开车门或车辆突然起步
超越停在路边的公交车	减速、鸣喇叭，预防行人从公交车前方突然蹿出
夜间超车	连续变换远近光灯示意前车，必要时鸣喇叭，确认前车减速让路后再超车

65

4 变更车道危险源辨识与防御性驾驶

变更车道危险源与防御性驾驶对策见表5-9。

变更车道危险源与防御性驾驶对策　　　　　　　　表5-9

危险源	防御性驾驶对策
快车道变更到慢车道	先开启右转向灯,并通过内外后视镜和眼睛直接观察,确认右后方有无车辆,注意车辆后视镜有盲区,变道时先轻微转动转向盘,确认安全后再变道
慢车道变更到快车道	先开启左转向灯,注意左后方车辆的速度和距离,确认安全后变道
变更车道驶入岔路口	提前驶入慢车道,再驶入岔道口,在车流量大、车速较快的全封闭路段,突然变道可能会引发多车连环相撞的恶性事故
左右两侧的车辆向同一车道变更	左侧的车辆让右侧的车辆先行
变更两条以上车道	不能一次连续变更两条以上车道,而要先变更到一条车道,行驶一段距离后再变更到另一条车道

5 转弯危险源辨识与防御性驾驶

转弯危险源与防御性驾驶对策见表5-10。

转弯危险源与防御性驾驶对策　　　　　　　　表5-10

危险源	防御性驾驶对策
内轮差	车辆转弯时,前内轮转弯半径与后内轮转弯半径之差就叫内轮差。车身越长,转弯幅度越大,形成的内轮差就会越大。转弯的车辆既要防止内后轮掉入沟中或碰及障碍物,又要防止外前轮越出路外或碰及障碍物
转弯车速高	在进入弯道前降低车速,避免在转弯的同时紧急制动。转弯车速过高,轮胎与地面的摩擦力减弱,离心力增大,车辆会发生侧滑,驶离路面,重心高的车辆还容易翻车
路旁车辆、行人或其他障碍物	大型车辆转弯时,要合理规划转弯路线,防止剐蹭路旁的车辆、行人或其他障碍物
急转弯路段	急转弯路段行车时,一般不要猛踩或者快松加速踏板,更不能紧急制动和急转转向盘。需降低车速时,先缓缓放松加速踏板,然后连续几次轻踩制动踏板,达到控制车速的目的
右转弯时后方车辆	右转弯时,防止后方跟行车辆从右侧突然超越

6 倒车危险源辨识与防御性驾驶

倒车危险源与防御性驾驶对策见表5-11。

倒车危险源与防御性驾驶对策　　　　　　　　表5-11

危险源	防御性驾驶对策
车后有儿童、小动物或其他障碍物	倒车前绕车一周,认真观察车辆周围环境,确认车后无儿童、小动物或其他障碍物后再倒车
左右两侧障碍物	倒车过程中不要一直看着车后,在确认车后安全的前提下,要不时地观察左右倒车镜,留心障碍物与车身之间的距离,并随时转动转向盘修正车身后退时的位置
车头碰到障碍物	倒车过程中,如果转向盘转向角度大,前轮的转弯半径大于后轮的转弯半径,车头很容易撞到障碍物,因此要格外注意
高速公路倒车	在高速公路上错过出口时,禁止倒车,要继续向前行驶,到下一出口就近驶出

第五章 危险源辨识与防御性驾驶方法

7 掉头危险源辨识与防御性驾驶

掉头危险源与防御性驾驶对策见表5-12。

掉头危险源与防御性驾驶对策　　　　　　　　表5-12

危　险　源	防御性驾驶对策
在有禁止掉头、禁止左转弯标志标线的地方	不能掉头
铁路道口、人行横道、桥梁、急弯、陡坡、隧道	在铁路道口、人行横道、桥梁、急弯、陡坡、隧道等容易发生危险的路段不能掉头
个别道路上标画有黄色虚实线	双黄线中的一根为实线,另一根为虚线,实线一侧禁止超车、掉头,而虚线一侧允许超车、掉头
左侧障碍物	如左侧有障碍物,掉头时要注意防止剐蹭
狭窄路段掉头	如道路狭窄不能一次顺车掉头,可运用前进或后退相结合,多次调整的方法掉头
危险路段掉头	车尾朝安全一侧,车头朝危险一侧,前后都要留足安全余地,宁可多进退调整几次,不可着急

二 典型道路环境的危险源识别与防御性驾驶方法

1 山区道路危险源辨识与防御性驾驶

山区道路危险源与防御性驾驶对策见表5-13。

山区道路危险源与防御性驾驶对策　　　　　　　　表5-13

危　险　源	防御性驾驶对策
弯多、弯急	不要超载,降低车速,缓慢转弯,避免侵占对向车道。进入弯道时车辆靠弯道外侧行驶,到弯道中段时靠弯道内侧行驶,出弯道时车辆又靠弯道外侧行驶,使车辆驶过的轨迹比弯道平缓,以便减小离心力,防止侧翻事故
路面狭窄	严格控制车速,集中注意力,避让对向车辆,谨慎驾驶
上下陡坡或长坡	上坡时换低挡,增强爬坡性能。上陡坡时,在路况许可条件下,提高车速冲坡。当感觉动力减弱时要及时减挡,不要拖挡强行。 下坡时应减挡,利用发动机牵阻制动和行车制动器联合制动,随时控制车速,严禁空挡滑行,不要持续踩踏制动踏板,以免长时间使用制动器导致其过热而失灵
路面状况差	结合车辆情况选择合适的车速谨慎驾驶,切忌硬冲硬闯,遇雨雪天气道路情况变差确实需要通行时,采取支垫的方法改善局部路面,改善通行条件后再通行
视线受阻	低速行驶,进入弯道前的路段,提前观察远处路段的弯道情况及对面来车,提前做好会车准备,同时还应提前鸣喇叭提示其他车辆
肩挑扁担的行人	与肩挑扁担的行人保持足够大的横向安全间距
牲畜横穿道路	提高注意力,减速行驶,及时制动

2 桥梁危险源辨识与防御性驾驶

桥梁危险源与防御性驾驶对策见表5-14。

桥梁危险源与防御性驾驶对策　　　　表5-14

危险源	防御性驾驶对策
路幅较窄，车辆易驶出桥面坠入河中	装载货物不要超限，仔细观察桥头附近的交通标志，遵守限速、限载等有关规定，保持安全车速行驶，不要超车；如桥面狭窄，先看清前方是否有来车，若桥面会车有困难，不要冒险会车，要在桥头宽阔地段停车等候，不要抢行
超重易使桥面垮塌	严格按车辆核定载质量装载货物，不要超载，严格按桥梁限载通行
横风	跨海大桥易受强烈横风的影响，行经跨海大桥时要控制车速，握紧转向盘，与同向车辆保持较大的横向间距
立交桥迷路	上立交桥之前提前观察指路标志的路线和方向，不要专注找路而忽视周围的车辆
拱桥影响视线	过拱形桥时，往往无法看清对方来车和行驶路线，因而车辆应多鸣喇叭，靠右减速行驶，并随时注意对方来车和行人情况。车行至桥顶，要放松加速踏板，减速下行，同时注意观察桥下情况，随时做好制动准备

❸ 隧道危险源辨识与防御性驾驶

隧道危险源与防御性驾驶对策见表5-15。

隧道危险源与防御性驾驶对策　　　　表5-15

危险源	防御性驾驶对策
限宽	谨慎驾驶，装载货物不要超宽，不要超车
限高	注意限高标志，装载货物不要超高
限速	严格遵守限速规定，保持安全速度行驶
能见度低	提高警惕，谨慎驾驶
入口光线由明变暗	提前开启前照灯，减速，待眼睛适应光线剧烈变化后再以正常速度行驶。如前车未开启前照灯，则应加大跟车间距
出口光线由暗变明	关闭前照灯，减速，待眼睛适应光线剧烈变化后再以正常速度行驶
隧道内结冰	低速行驶，不要急踩制动踏板，以免发生侧滑
出口横风	缓踩制动踏板，低速行驶，握紧转向盘，稍微向逆风方向修正

❹ 交叉路口危险源辨识与防御性驾驶

交叉路口危险源与防御性驾驶对策见表5-16。

交叉路口危险源与防御性驾驶对策　　　　表5-16

危险源	防御性驾驶对策
环形路口内正在行驶的车辆	应让已在环形路口内的车辆先行，不能强行加塞
黄灯亮时抢行的车辆和行人	不要抢黄灯驶入交叉路口，避免与其他急着通过交叉路口的车辆碰撞
视线盲区	在交叉路口，大型货车和客车由于车辆本身结构的原因，在一定的空间范围内形成了驾驶员的视线"盲区"。大型车辆驾驶员很难看到其他正在转弯或直行的车辆，或者因为车速、角度估计错误，有可能发生刮蹭，因此应尽可能与前车或者障碍物保持足够的距离，并注意控制车速，时刻保持高度警惕

第五章 危险源辨识与防御性驾驶方法

续上表

危 险 源	防御性驾驶对策
紧跟前车追尾	有些驾驶员在接近交叉路口时看见是绿灯，就想一下加速通过，或看见绿灯闪烁就突然紧急停车，这时容易发生追尾事故，应与前车保持足够的安全间距，以免追尾
交叉路口左转	靠路口中心点左侧转弯，开启转向灯，夜间应使用近光灯
拥堵交叉路口	如遇交叉路口拥堵，即使绿灯亮也不能通行，而应依次在路口外停车等候，否则整个路口将完全堵塞，难以疏导
在没有红绿灯路口的其他车辆和行人	转弯车辆让直行的车辆、行人先行，相对方向行驶的右转弯车辆让左转弯车辆先行

5 城乡接合部危险源辨识与防御性驾驶

城乡接合部危险源与防御性驾驶对策见表5-17。

城乡接合部危险源与防御性驾驶对策　　　　　表5-17

危 险 源	防御性驾驶对策
人车混杂	行人、农用三轮车、拖拉机、人力车、畜力车混行，因此要保持高度警惕，密切观察、低速行驶，避让其他交通参与者
交通标志标线及交通信号灯等安全设施不完善	因为设施不完善，通行无秩序，因此通过城乡结合部时，要低速谨慎慢行，不要盲目抢行
农民占道晒粮、流动摊贩占道经营	道路变窄，路况复杂，特别是车轮如果碾压到占道的粮食容易侧滑。因此要低速通过，避免碾压占道的粮食和剐蹭路边摊位
道路交通参与者安全意识薄弱	严格按道路通行规则通行，减速礼让，遇行人或非机动车突然横穿道路，要及时减速或停车避让

6 施工路段危险源辨识与防御性驾驶

施工路段危险源与防御性驾驶对策见表5-18。

施工路段危险源与防御性驾驶对策　　　　　表5-18

危 险 源	防御性驾驶对策
道路变窄	按交通标志及时变更车道，按限速标志降低车速，保持安全速度行驶
道路中断	根据提示信息提前规划好行驶路线
路面有沙石	路面摩擦系数降低，要保持低速行驶，提前采取制动措施，避免侧滑
施工标志不全或设置不明显	注意观察，提高警惕，谨慎驾驶

三 恶劣天气条件下的危险源识别与防御性驾驶方法

1 雨天危险源辨识与防御性驾驶

雨天危险源与防御性驾驶对策见表5-19。

雨天危险源与防御性驾驶对策　　　　　表5-19

危险源	防御性驾驶对策
光线暗，能见度低	低速谨慎驾驶，多鸣喇叭，打开刮水器，必要时打开雾灯；雨下得过大，刮水器无法刮净雨水，视线极为模糊时，打开危险报警闪光灯靠边停车等待
雷电	关闭车载电子设备，不要打电话；关闭所有车窗；在车内避雨，不要下车走动；不要在空旷地带高大的树下停车，将车停在地势较低的位置，但要确保该地段不易积水
大风	握紧转向盘，防止行驶方向偏离
路面湿滑、泥泞	缓踩制动踏板，勿紧急制动和急转弯，以免侧滑。轮胎与地面附着力降低，制动距离增大，因此跟车距离应为干燥路面的1.5倍
积水	先判断积水深度，如积水较浅，则低速通过，防止积水溅起的水花覆盖前风窗玻璃，避免水花溅到行人身上；如积水较深，把车停到安全地方，不要强行通过。涉水行驶过程中，保持车辆不熄火，防止进气口进水。如在水中熄火，不要试图起动车辆，否则容易损毁发动机
车窗起雾	打开车内除霜装置，清除雾气
车外骑车人	遇雨天，骑车人一般会穿戴雨衣或一手打雨伞一手骑车，不易听到喇叭声，容易摔倒或突然猛拐，因此要与骑车人保持较大的横向间距，谨慎行驶

❷ 雪天（冰雪路面）危险源辨识与防御性驾驶

雪天（冰雪路面）危险源与防御性驾驶对策见表5-20。

雪天（冰雪路面）危险源与防御性驾驶对策　　　　　表5-20

危险源	防御性驾驶对策
气温低，起动困难	做好冬季维护，确保蓄电池电力充足，更换适合冬季使用的润滑油，定期清洗节气门，车辆起动后怠速运转几分钟后再上路
路上有积雪，附着系数低，制动距离延长，易侧滑	合理使用挡位，慢抬离合器踏板，轻踩加速踏板，平稳起步，低速行驶，前后左右都要留有安全车距，不要紧急制动和急转向，以免车轮侧滑。需要转弯时，先减速再转向，适当加大转弯半径，缓转转向盘。如发生侧滑，在向侧滑一方转转向盘进行修正。必要时可为轮胎加装防滑链
积雪覆盖路面，看不清标志及道路边界	根据路边建筑物和树木等参照物判断道路边界，沿前车车辙谨慎行驶
山区冰雪道路	前车正在爬坡时，要停车等待，待前车顺利通过后再爬坡，转弯前降低车速，避免转弯的同时制动，防止车辆侧滑坠崖
自行车和行人易摔倒	遇自行车或行人应减速慢行，与自行车和行人保持足够距离
雪后阳光炫目	戴上防护镜

❸ 雾天危险源辨识与防御性驾驶

雾天危险源与防御性驾驶对策见表5-21。

第五章 危险源辨识与防御性驾驶方法

雾天危险源与防御性驾驶对策　　　　　　　　　　　　　　　　表5-21

危险源	防御性驾驶对策
能见度低，视线不良	白天开启雾灯和示廓灯，夜间开启雾灯和近光灯，切记不得开远光灯，低速谨慎行驶，勤按喇叭，提醒车辆和行人。能见度小于5m时，把车开到路边安全地带或停车场，待雾散去或能见度提高时再继续前行
路面湿滑，摩擦系数低	严格控制车速，密切注意前车状态，适当加大与前车的纵向安全距离，跟车行驶，不要超车
风窗玻璃有水雾	开启刮水器和车内风窗玻璃除霜装置，尽快去除水雾
行经靠近湖泊的路段	昼夜温差较大、无风的早晨，在靠近湖泊的路段最易出现团雾，如发现团雾，应立即采取减速措施，如具备安全变道条件，要打开信号灯，减速驶入最右侧车道，以便前方发生事故堵车时，车内乘客能迅速转移至路侧安全地带

4 风沙天危险源辨识与防御性驾驶

风沙天危险源与防御性驾驶对策见表5-22。

风沙天危险源与防御性驾驶对策　　　　　　　　　　　　　　　　表5-22

危险源	防御性驾驶对策
风力较大时，会影响行驶稳定性，减弱喇叭声音	感觉汽车横向偏移时，握紧转向盘，行车要比平常更为谨慎，速度更为缓慢
沙尘暴	尘土飞扬，空气混浊，能见度低，打开车灯，多鸣喇叭
暴风	行车中突遇暴风，应停车躲避，将车辆尽量停在背风处
台风	避免在台风登陆期间出行
车体易被砸	行驶过程中或停车时不要靠近楼房、满载货物的货车或摇摇欲坠的广告牌等
风沙损坏车体	小心清除隐藏在刮水器橡胶片中的沙粒，再启用刮水器，否则风窗玻璃可能被刮伤

四、高速公路行驶危险源识别与防御性驾驶方法

高速公路行驶危险源与防御性驾驶对策见表5-23。

高速公路行驶危险源与防御性驾驶对策　　　　　　　　　　　　　表5-23

危险源	防御性驾驶对策
车辆发生故障或遇道路堵塞必须停车	不可紧急制动，更不能在行车道直接停车，应提前减速，看清车前车后的交通情况，打开右转向灯；尽快驶离行车道，停在紧急停车带内或右侧路肩上。停车后，必须立即打开危险报警闪光灯，按规定在车后方设置警告标志，若是夜间还需同时打开示宽灯和尾灯；车上人员应迅速转移到右侧路肩以外，必要时打电话报警
故障车辆	尽量将视线放远，如发现故障车辆提前变更车道绕行
爆胎	握紧转向盘，用力保持车辆行驶方向，不要紧急制动，不要急转转向盘
事故多发路段	看到"事故多发路段，请谨慎驾驶"类似的警告标志时，一定要有意识地降低车速并保持车距，同时做好应对紧急情况的准备
疲劳驾驶	在高速公路长时间行驶，尤其是车辆很少时，驾驶员信息刺激量减少会造成其意识下降，产生高速催眠现象，非常危险，驾驶员缓解疲劳最好的方法就是在服务区休息或驶出高速公路休息

续上表

危 险 源	防御性驾驶对策
发生轻微财产损失的事故	如果无人员伤亡、双方对成因无异议,且车辆具备移动能力,一定要将车辆移动至紧急停车道内停放
发生大的财产损失事故甚至伤亡事故	在事故现场来车方向150m外设置警告标志,且人员要转移到公路护栏外,并及时报警
从匝道进入行车道	从匝道口进入高速公路后,必须在加速车道上提高车速,尽快将车速提高到60km/h以上,抓住时机安全快速进入行车道,驶入行车道时不能妨碍其他车辆的正常行驶
选择行车道	严格遵守分道行驶、各行其道的原则,根据车速选择适合的行车道,不得随意穿行越线,不准骑轧车道分界线
驶离高速公路	在距目的地出口500m时打开右转向灯,驶入减速车道,在出口前把车速降到40km/h以下进入匝道。由于长时间高速行驶,速度感觉迟钝,容易误判车速,必须通过速度表确认车速。避免在接近路口处才紧急制动和急转方向驶向路口
车距过小	高速公路上的纵向车距(两车间的前后距离)要略大于行驶速度值。高速公路上,专门设有为驾驶员确认行车间距的行驶路段,在此路段上行驶,可检验与前车的行车间距,驾驶员可根据需要适时调整车速,即:时速在70km时,行车间距不得少于70m;时速在100km时,行车间距应保持在100m以上;雨雪雾天或夜间行驶时,行车间距应增加1倍以上
走错方向	发现走错方向或驶过出口后,严禁在匝道或行车道上掉头,而应从下一出口驶离,再掉头回到规划路线
通过立交桥	行至高速公路立交桥时,要注意观察指路标志,在临近转弯的立交桥前,要根据指路标志确认出口位置、行驶车道和行驶路线
变更车道	确认与要进入的车道有不影响超车的足够安全车间距。打开转向灯,向左(右)适量转动转向盘,加速驶入需要进入的车道

五、夜间行驶危险源识别与防御性驾驶方法

夜间行驶危险源与防御性驾驶对策见表5-24。

夜间行驶危险源与防御性驾驶对策 表5-24

危 险 源	防御性驾驶对策
夜间光线差	谨慎驾驶,若路面光线较好,开启近光灯;若光线很暗,开启远光灯,但在两车相距150m时要改为近光灯
路界不清	控制车速,增大跟车距离,以便出现突发情况时能有充足的反应时间
夜间通过险要路段	减速慢行,遇险要路段,应停车查看,确认安全后再行进
夜间通过乡村道路	夜间在乡村道路上通行,应加大行车间距,以免前车扬起的尘土影响灯光照明,遮挡视线
霓虹灯等灯光影响	途经繁华街道时,要注意霓虹灯及各类装饰灯光对视线的影响,降低车速、细心观察、谨慎行驶
行经弯道、坡路、桥梁、窄路和不易看清的地方	降低车速并随时做好制动或停车的准备
车灯光柱变短	遇上弯道或上坡路,注意提前采取措施
车灯光柱变长	下坡路或路上有凹坑,注意减速慢行
疲劳驾驶	夜间行车特别是午夜以后最容易瞌睡,太疲劳时应停车休息,不要强行赶夜路

CHAPTER 06

第六章

紧急情况应急处置

通过本章的学习，驾驶员能够掌握紧急情况应急处置原则，掌握事故发生后报告程序、内容和处理方法，掌握事故发生后的脱困方法。

第一节 紧急情况应急处置原则

在遇到紧急、突发情况时，驾驶员要沉着冷静，机智应对，按照正确的应急处置原则，迅速判断险情，果断采取措施，将损失和危害降到最低。

1 冷静机智

发生紧急情况时，驾驶员不能慌乱、不知所措，要冷静机智，保持头脑清醒，迅速判断事故原因，通过喊话、鸣喇叭、开启危险报警闪光灯、挥手示意等方式，第一时间把危险信号传递给车上乘客、车外其他车辆和行人，提醒车上乘客及时采取自救措施，提示其他车辆和行人注意避让。

2 以人为本

在采取应急处置措施时要以人为本、乘客优先，即便车辆和其他物体受损，也要确保乘客的生命安全。若事故已经发生，要积极组织乘客有序疏散，帮助乘客自救、互救，减少伤亡。

3 避重就轻

发生紧急情况，损失或伤亡无法避免时，要按照"避重就轻"的原则采取应急处置措施。避开损失或伤亡较重的一方，选择损失或伤亡较轻的一方撞击，设法降低事故损失。

第二节 紧急情况应急处置方法

道路客货运输驾驶员在行车途中遇到紧急事件时，要冷静判断，审时度势，遵循"避重就轻、以人为本、生命至上"的原则，实施科学的应急处置措施，并根据紧急事件的性质和事态具体情形按流程向上级汇报。

一 自然灾害巧避险

1 地震

发生地震时，驾驶员要立即减速停车，将车上人员疏散至开阔地带；如正行经桥梁、立交桥、隧道中，则应尽快驶离；注意地面开裂、下陷情况，不要落入其中；注意山崩，避免被落石击中。

2 泥石流

行车过程中如发现前方路段有泥石流和塌方现象，应立即停车，将车上人员疏散到泥石流方向两侧的安全地带。

泥泞道路行车，路面特别松软和黏稠，汽车行驶阻力大，车轮与路面附着力小，容易发生车辆侧滑和车轮滑转现象。因此，应采取以下措施：

（1）驶入泥泞道路前，应停车查看路况，尽量选择平整、坚实或有车辙的路线行驶。

第六章 紧急情况应急处置

（2）选用适当挡位（一般为中、低速挡），握稳转向盘，稳住加速踏板，匀速、一次性缓慢通过，尽量避免使用行车制动器，以防止车辆滑移。

（3）陷入泥泞路段时，应先将车辆稍向后退出，然后改变车轮行进方向，挂入低速挡，利用发动机的冲力驶出。

③ 台风

如在行驶过程中突遇台风，应握紧转向盘、控制好行驶方向，低速行驶到背风处停车。

④ 沙尘暴

当风向和车辆行驶方向相同时，车辆制动距离变长，应保持安全车距；风向和车辆行驶方向相反时，行驶阻力增大，使车速降低，超车、会车应谨慎。

风横向作用于车辆时，可引起转向半径增大或离心力增大，容易使车辆侧滑或侧翻，转弯前应降低车速，握稳转向盘，不要紧急制动，平顺柔和转弯。关闭车窗，关严车门，防止沙尘刮入车内。

⑤ 冰雹

遇冰雹天气，如冰雹较小，风窗玻璃会结霜，应打开前后风窗玻璃的除霜装置，溶解冰霜，减速慢行；如冰雹较大，最好找个安全地带停车，最大限度地减轻或避免损失。

二 交通事故优处置

车辆发生交通事故，经常会给驾驶员、旅客和行人造成伤害，正确的处置方法和抢救措施，既可以减缓伤势扩大、避免不必要的伤亡，又利于事故迅速解决、恢复交通畅通。

处理交通事故时，可遵循如下原则：

（1）立即停车。迅速停车，打开危险报警闪光灯，协助旅客下车至安全区域，并按规定放置三角警告标志，避免发生次生事故。

（2）合理处置。如果发生的是一般交通事故，即未造成人身伤亡或仅造成轻微财产损失，当事人对事实及成因无争议且车辆可以移动的，应当在确保安全的原则下，对现场拍照或者标划事故车辆现场位置后，立即撤离现场，尽快恢复交通，自行协商达成协议，填写道路交通事故损害赔偿协议书，并共同签名。当事人对交通事故事实及成因有争议时，应保护好现场，然后立即报警，同时向所在企业报告事故情况。

不得驶离现场的6种情形

道路交通事故有下列情形之一的，应当立即报警并保护现场等候处理，不得驶离：

（1）造成人员死亡、受伤的。

（2）发生财产损失事故，当事人对事实或者成因有争议的，以及虽然对事实或者成因无争议，但协商损害赔偿未达成协议的。

（3）机动车无号牌、无检验合格标志、无保险标志的。

（4）载运爆炸物品、易燃易爆化学物品以及毒害性、放射性、腐蚀性、传染病病原体等危险物品车辆的。

（5）碰撞建筑物、公共设施或者其他设施的。

（6）驾驶员无有效机动车驾驶证的。

（7）驾驶员有饮酒、服用国家管制的精神药品或者麻醉药品嫌疑的。

（8）当事人不能自行移动车辆的。

若处于运营状态的客运车辆发生交通事故，驾驶员要及时向旅客做好解释工作，避免引发服务纠纷和二次事故。

三、车辆爆胎控方向

轮胎突然爆裂是安全行车的极大隐患，驾驶员有必要掌握轮胎爆裂的应急处置措施，最大限度地减少事故的危害程度。

（1）后轮胎爆破，车尾会摇摆不定，但方向一般不会失控，只要保持镇定，双手紧握转向盘，便可控制车辆保持直线行驶。

（2）前轮胎爆破，危险较大，一旦爆胎，车辆方向会立刻向爆胎车轮一侧跑偏，直接影响驾驶员对转向盘的控制。当意识到前轮爆胎时，双手要紧握转向盘，松抬加速踏板，极力控制车辆直线行驶。

若车辆已经转向，不要过度矫正，应在控制住车辆行驶方向的情况下，轻踏制动踏板（禁止紧急制动），使车辆缓慢减速，待车速降至适当时，平稳地将车停住，尽量将车逐渐停靠在路边为妥。

胎压监测系统与爆胎应急安全装置

轮胎气压值的大小对行车安全非常重要，胎压过高易引起爆胎，胎压过低会增加行驶阻力、加剧轮胎磨损，导致早期损坏或其他故障。胎压监测系统可以对轮胎气压进行实时监测，并及时通过仪表台向驾驶员显示胎压信息，出现异常时自动报警，可方便驾驶员及时掌握胎压变化情况，以便及时检查并采取相应的处置措施。营运客车安装单胎的车轮应安装胎压监测系统或胎压报警装置。

胎压监测传感器

第六章 紧急情况应急处置

爆胎应急安全装置能够在车辆转向轮轮胎破裂失压后，使车辆的行驶方向继续可控，制动性能稳定有效。此装置可在发生前轮爆胎后，给驾驶员赢得宝贵的处置时间，避免事故的发生。车长大于9 m的营运客车前轮应安装符合《营运客车爆胎应急安全装置技术要求》（JT/T 782）规定的爆胎应急安全装置，并能通过仪表台向驾驶员显示。

四 车辆侧滑防跑偏

车辆在泥泞、湿滑的路面上快速行驶、紧急制动、急加速或猛转方向时，易发生侧滑，甚至会导致行驶方向失控，而向路边倾翻、坠车或与其他车辆、行人发生碰撞等事故。

防抱死制动系统ABS

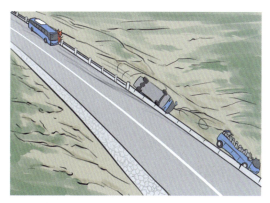

当车辆不可避免地发生侧翻时，驾驶员应果断采取应急处置措施。

（1）车辆不可避免地倾翻，如果倾翻力度不大，估计只是侧翻时，应双手紧握转向盘，双脚钩住踏板，背部紧靠座椅靠背，尽力稳住身体，随车体一起侧翻。

（2）车辆倾翻力度较大或向深沟连续翻滚时，应使身体迅速向座椅前下方躲缩，抓住转向盘管或踏板等将身体稳住，避免身体滚动受伤或甩出车外，导致被车辆碾轧。

当车辆侧滑时，应立即松抬制动踏板，迅速向侧滑的一方转动转向盘，并及时回转方向进行调整，修正方向后继续行驶。

车辆发生侧滑时，不要使用驻车制动，这项操作将会导致更加严重的后果。

当未配备ABS的车辆的前轮发生侧滑时，驾驶员应及时将危险警示信息传递出去，并果断地连续踩踏、放松制动踏板，平稳制动，尽快减速停车。

五 车辆侧翻保安全

车辆发生侧翻时，由于离心力的作用，驾驶员身体会向外飘起来。

向翻车的反方向跳出

（3）缓慢翻车有可能跳车逃生时，要向翻车相反方向跳车；切不可顺着翻车方向跳出，防止跳出车外却被翻滚的车辆碾压。落地前双手抱头，蜷缩双腿，顺势翻滚，自然停止，不要伸展手腿去强行阻止滚动，以免加剧损伤。

（4）在车中感到不可避免地要被抛出车外时，应在被抛出车厢的瞬间猛蹬双腿，增加向外抛出的力量，助势跳出车外。落地时，力争双手抱头顺势向惯性力的方向多滚动一段距离，以躲开车体，增大离开危险区的距离。

> **小贴士**
>
> ### 紧急避让的方法
>
> 车辆突发的紧急情况包括转向失控、制动失灵、轮胎爆裂、车辆侧滑等。为了防止避险不当加重事故后果，在处理危险情况时应遵循以下原则：
>
>
>
> （1）及时减速，有效控制行驶方向。
>
> 突发情况的发生时间往往非常短暂，特别是在高速行驶时。规避和减轻交通事故的危害和损失，最有效的措施就是制动减速、停车、控制方向。
>
> 在车速较低时发生紧急情况，要判断能否利用转向避开前方障碍物。若转向避开障碍物比停车有效得多时，在道路交通条件允许的前提下，尽可能优先考虑通过转向避免撞车，同时采取必要的减速措施。
>
> 车速较高时发生紧急情况，不要轻易急转向避让，高速时急转向，极易造成车辆侧滑相撞或倾翻（在离心力作用下）事故。应采取制动减速，使车辆在碰撞前处于停止或低速行进状态，以减小碰撞损坏程度。
>
> （2）先人后物，就轻处理。
>
> 人的生命是最宝贵的，遇突发情况避险时，要先考虑人的安全，先人后物。在危急情况下，车辆要向远离人的一方避让，宁可财产遭受损失，也要确保人的安全；避让车辆与物体相撞时，尽最大努力做到人不被伤害，减轻事故的损失后果。
>
>

六 制动失效防失控

车辆行驶中，往往由于制动管路破裂或制动液压力不足等原因，突然出现制动失灵、失效现象，对行车安全构成极大威胁。

（1）制动失效时，应沉着冷静，握稳

第六章 紧急情况应急处置

转向盘，立即松抬加速踏板，实施发动机制动，尽可能利用转向避让障碍物。同时利用驻车制动器或"抢挡"等方法，设法减速停车。若是液压制动车辆，可连续多次踩踏制动踏板，以期制动力的积聚而产生制动效果。

不可将驻车制动器操纵杆一次拉紧

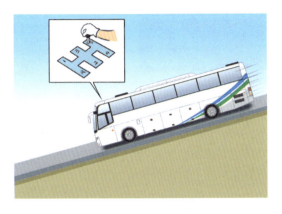

若车辆在下坡途中制动突然失效，可采取以下方式处理：

（1）察看路边有无障碍物可帮助减速或有无宽阔地带可迂回减速、停车。最好是利用道路边专设的紧急停车道停车。

（2）使用驻车制动器时，不可将操纵杆一次拉紧。一次拉紧容易将驻车制动器"抱死"，损坏传动机件，丧失制动力。转动转向盘避开危险目标的同时，可视情况进行"抢挡"操作，使车辆尽可能减速，尽快驶向路边停住。

（3）避让应做到"先避人，后避物"，提前选择好可供安全停车的位置，以免冲撞行人而扩大事故。

（2）若无可利用的地形和时机，应迅速抬起加速踏板，从高速挡向低速挡"抢挡"，利用变速器变速比的突然增大和发动机的制动作用遏制车速。

自动紧急制动系统

自动紧急制动系统（AEBS）包含前撞预警和自动紧急制动两个功能，对于减少或避免由于驾驶员精神不集中、疲劳驾驶导致车辆追尾事故的发生效果显著。车长大于9m的营运客车应装备自动紧急制动系统。

该系统能自动监测自车与障碍物车辆间的距离及相对速度，从而判断碰撞时间，并根据这个时间提供初级碰撞警告以及碰撞警告。初级碰撞警告的目的是告知其前方出现障碍物车辆，这样驾驶员就可以准备采取必要措施来避免碰撞。而碰撞警告是通知驾驶员应立即采取措施避开碰撞。当满足报警条件时，预警系统会立即发出碰撞警告信息，同时传输给卫星定位系统车载终端。

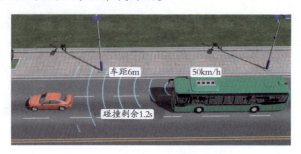

七 转向失控急停车

行车途中突发转向失控时，驾驶员要沉着冷静，判明险情程度，采取应急措施，切不可惊慌失措，贻误时机，使险情加剧。

转向突然失控时，驾驶员应按下列方法进行操作：

（1）立即松抬加速踏板，减挡减速，同时打开危险报警闪光灯、交替变光、鸣喇叭或打手势等，对道路上其他通行的车辆及行人发出警示信号。

（2）如果车辆和前方道路情况允许保持直线行驶时，驾驶员可均匀而用力拉紧驻车制动器操纵杆进行辅助制动。当车速明显降低时，再轻踩制动踏板，使车辆缓慢平稳地停下。

（3）当未配备ABS的车辆偏离直线行驶方向，事故已经无可避免时，驾驶员应果断地连续踏制动踏板，使车辆尽快减速停车，减轻车辆撞击时的力度。

八 车辆碰撞降损伤

车辆发生碰撞，是交通事故中最常见的表现形式之一。当车辆不可避免要发生正面碰撞时，如果撞击方向在驾驶员一侧，驾驶员应在即将发生的一瞬间，迅速抬起双腿，将双手从转向盘旁移开，同时令身体向右侧卧，避免转向盘挤压身体导致受伤。如果车辆即将发生侧面碰撞，驾驶员应紧握转向盘，令手臂稍微弯曲，同时将身体向后侧倾斜，双腿挺直，使双脚触碰至驾驶室底板，利用座椅靠背以及底板的力量形成支撑。

第六章 紧急情况应急处置

车道偏离预警系统

车道偏离预警系统（LDWS）对于减少或避免由于驾驶员精神不集中、疲劳驾驶导致车辆偏离车道事故的发生效果显著。车长大于9m的营运客车应装备车道偏离预警系统。

车道偏离预警系统能检测到符合国家标准的黄色和白色实线、黄色和白色虚线、双黄和双白实线、双黄和双白虚线、黄色和白色虚实线。正常道路条件下行驶时，预警系统能在白天、夜晚、黄昏和黎明等光照条件下检测到车道线；当驾驶员有变线或转向倾向并打开正确方向的转向灯时，预警系统不会发出车道偏离警告；当刮水器动作时，预警系统能正常工作；当满足报警条件时，预警系统就会立即发出车道偏离警告信息，同时传输给卫星定位系统车载终端。

车道偏离预警系统

九 车辆起火速疏散

车辆行驶中，发动机温度过高、电路老化短路、油路连接处松动、轮胎摩擦过热、碰撞后燃油大量泄漏或者载运危险物品等诸多因素都会诱发火灾。

1 防止火势蔓延

（1）将车辆停在远离加油站、建筑物、高压电线、树木、灌木丛及车辆或其他易燃物品的空旷地带，设法救火，确保火势不再蔓延。

（2）当着火危及周围房屋、电线电缆以及易燃物品时，应隔离火场，并迅速采取措施以防火焰蔓延，减少损失。

（3）高速公路行车发生火灾时，应将车辆停靠在路肩上，并尽可能地远离高速公路的收费站、服务区、停车场等公共场所，以防引起更大的损失。

2 逃离火灾

（1）逃离火灾前，关闭发动机点火开关、电源总开关和百叶窗，设法与旅客迅速撤离驾驶室；逃离时如果无法打开驾驶室门，应用车上的坚硬物体敲碎风窗玻璃脱离汽车。

（2）当火焰逼近，无法躲避时，可用身体猛压火焰，冲出一条生路。冲出时，及早脱去化纤类衣服，注意保护裸露的皮肤，不要张嘴呼吸或高声呼喊。

（3）及时报警，视火情采取合适的灭火措施。如果火源不清或不知怎样灭火，尤其是易燃易爆危险品着火时，应立即远离现场，等待消防人员来灭火。

3 正确使用灭火器

一般车载灭火器通常为手提式干粉灭火器，有一定的保质期，必须按期进行更换。灭火器的正确使用步骤如下：

（1）距燃烧物5m左右，撕掉小铅块。

（2）拔出保险销。

（3）提起灭火器，用右手压下压把，用左手握住喷嘴，将干粉喷向燃烧区。

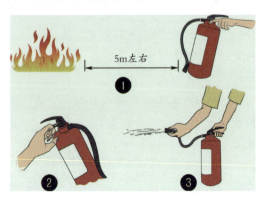

4 不同情形下的灭火方法

（1）水可以用于熄灭纸张、布匹和轮胎引起的火焰，但不能用来熄灭电器、汽油引起的火焰。

（2）发动机着火时，应将发动机关闭，尽量不打开发动机罩，从车身通气孔、散热器及车底侧进行灭火。

（3）燃油着火时，切不可用水去浇，应做好油箱的防爆工作，并切断油路，选择适用的灭火器灭火；若无灭火器，可用路边沙土或厚布、工作服等覆盖灭火以防火势蔓延。

（4）救火时，应脱去所穿的化纤服装，注意保护暴露的皮肤。不要撕扯已经黏在皮肤上的衣服，以免将表皮一起撕下，造成细菌侵入。不要张嘴呼吸或高声呐喊，以免烟火灼伤上呼吸道。

（5）使用灭火器时，人要站在上风处，尽量远离火源，灭火器要瞄准火源而不是火苗，借风势将灭火器泡沫吹向火源。

（6）因翻车、撞车等车祸而引起火灾时，首先抢救伤员，并对车辆采取有效的补救措施，如用路边地里的沙、土掩盖或用棉被、衣服浸水扑盖，使火焰熄灭。

（7）如果是发动机舱内着火，应迅速关闭发动机，尽量不打开发动机罩，从车身通气孔、散热器及车底侧进行灭火。

（8）如果客车车厢内冒烟或出现火苗，应对准起火部位开展灭火措施，尽量在初期阶段就扑灭火焰。

（9）如果货车装运的货物着火时，尤其是危险物品着火，驾驶员应先将车辆驶离闹市区、加油站、服务区、高压电线、灌木丛及其他易燃易爆物品存放区，安全停车后，迅速报警，再用灭火器对准起火部位开展灭火。灭火时不要打开货厢门，否则会因进入氧气而导致火势迅速蔓延。

✚ 旅客发病急救治

客运车辆上经常出现旅客突发疾病的情况，病情危重的旅客如果在发病初期得不到及时有效的治疗，甚至会有生命危险。旅客常见的突发疾病有心血管疾病、癫痫、哮喘、关节扭伤、晕车、中暑等。

旅客突发疾病

若发现车上旅客突发疾病，驾驶员和乘务员要根据掌握的急救知识初步判断旅客病症，在车内积极寻找医务人员，应及时检查旅客是否随身携带急救药物，帮助其尽快服药。如旅客未携带药品，应及时拨打120求救，尽快将旅客送往医院，送医过程中，车上医务人员可采取初步的急救方法救治患者，以免延误救治时机。几种常见疾病的应急处置措施见表6-1。

几种常见疾病的应急处置措施　　　　　　　表6-1

突发疾病类型	应急处置措施
昏厥晕倒	让患者躺下平卧，头部偏向一侧并稍放低。松解领口、衣服，确保呼吸畅通。采取人工呼吸和心脏按压的方法进行急救，也可以用指甲掐人中、涌泉、少商等穴位，促使其苏醒。若有心脏病史，可口服硝酸甘油、麝香保心丸
关节扭伤	切忌搓揉按摩，有条件的话用冷水或冰块冷敷，外擦松节油或涂三七粉、云南白药，或用活血、散淤、消肿的中草药外敷包扎
低血糖休克	食用含糖较高的物质，如饼干、糖块、果汁等
中暑	尽快撤离引起中暑的高温环境，选择阴凉通风的地方休息，松解衣扣，通过冷敷头部、温水擦拭身体等方法尽快冷却体温，在太阳穴处涂抹清凉油、风油精，服用解暑饮品或人丹等中药
晕车	服用晕车药

十一　驾驶员发病早停车

驾驶员常见的突发疾病有心律失常、心肌梗死、脑出血、低血糖休克、中暑等。驾驶员突发疾病引起剧痛或者病情危重时，会丧失意识，失去操控车辆的能力，导致车辆失控，偏离行驶路线，撞击路上的车辆、行人或其他障碍物。在桥梁或临崖临水路段会坠桥、坠崖、落水，引发严重伤亡的重特大道路交通事故。

驾驶员突发疾病初期，如果自己仍有意识，要开启危险报警闪光灯，提示其他车辆和行人注意避让，同时连续踩踏制动踏板，将车辆尽快停到路边安全地带，打开车门，向旅客解释原因，疏散旅客，如携带对症急救药品，积极自救，如没有，则拨打120或者寻求旅客帮助。

> **小贴士**
>
> **驾驶员突发疾病的预防措施**
>
> （1）定期检查身体。驾驶员每年应进行一次职业性体检，以便早期发现与职业有关的疾病，及时治疗处理。
>
> （2）出车前自查身体状况。驾驶员每次出车前应自查身体状况，不能在体力、精力不好的情况下勉强驾车，以免途中病情加重、情绪失控。
>
> （3）做好自我保健工作。要加强营养，锻炼身体，增强体质，保持良好的身心状态。饮食要有规律，多吃高蛋白、粗纤维以及新鲜蔬菜、水果等富含维生素的食物，饭后应休息20～30min再开车，一方面有利于消化，另一方面可预防饭后困顿。保持充足的睡眠时间，确保睡眠质量。掌握有效的心理调节方法，自我疏导不良情绪。
>
> 驾驶员突发疾病或不适

十二　车辆落水速逃生

行车中误入积水或者车辆坠入河塘时，车上人员的处境将会非常危险。当车辆突然落水时，驾驶员需要保持清醒的头脑，及时采取正确的自救措施，以获得逃生机会。

（1）在落水的瞬间，不要急于解开安全带，防止落水时的冲击力造成人员受伤。

（2）刚落水后，车辆还不会完全下沉，驾驶员应尽快解开安全带，在第一时间开启车门或使用安全锤等尖锐器械砸碎风窗玻璃，协助旅客安全撤离。

（3）逃生时，应注意抓稳门框或窗框，防止被涌入的水流冲回车内。

（4）暴雨天气行车时，驾驶员应尽量避开低洼地段，控制好车速，不盲目跟随前车驶入积水地段。遇到积水且前后堵住无法驶离时，应及时弃车到较高的地方等待救援。

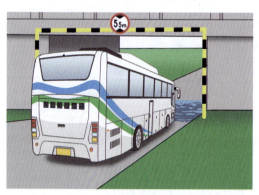

十三 危化品泄漏切源头

驾驶员发现旅客随身携带或在行李、货物中夹带易燃、易爆、有毒、有腐蚀性、有放射性及有可能危及车上人员人身和财产安全的危险物品或者国家规定的违禁物品时，应制止其携带上车，耐心做好解释工作。

运输过程中，一旦发现上述危险货物发生泄漏或遗撒，应立即采取应急处置措施，避免险情进一步扩大。

1 立即停车

（1）尽可能将车辆停放在公路或高速公路右侧允许临时停车的地方，如安全岛、右侧路肩、应急车道等。严禁在以下地点停车：人群集中区域、水源地重要建筑物附近，如学校、加油站、桥梁隧道、水库等；树下、电线杆、高压线、铁塔等容易遭到雷击的地点。

（2）车辆停稳后，拉紧驻车制动器操纵杆，关闭发动机，开启危险报警闪光灯。夜间，还应开启示廓灯及后位灯。

（3）在车辆后方同车道50~100m处设置故障车警告标志。如在高速公路上，应在150m外设置故障车警告标志。

（4）不要站在危险货物泄漏方向的下风处，避免吸入有毒有害气体。

2 切断危险源

关闭点火开关、电源总开关，切断整车电路。不要在事故现场附近使用手机等电子设备，不得吸烟。

3 紧急疏散

发生危险品泄漏、着火等危险情况时，应尽快协助旅客下车并转移到上风安全区

第六章 紧急情况应急处置

域。同时做好隔离和警戒工作，劝导周围群众不要围观，并远离危险区。

4 报警求助

发生紧急情况时，驾驶员应转移到上风安全区域，并根据事件现场发展情况向当地消防部门（119）、公安部门（110）、急救中心（120）等请求救援。

乘客受伤时，应立即拨打急救和报警电话

5 抢救伤员

事故现场有人员伤亡的，驾驶员应立即抢救受伤人员（如止血、包扎、固定），及时将轻微伤员和其他人员疏散到安全地带。因抢救受伤人员变动现场的，应当标记伤员的原始位置。

6 及时汇报

驾驶员应当迅速向事发地公安交通管理部门、交通运输部门和网约车经营者报告突发事件的有关内容，包括时间、地点、危险品泄漏和着火情况、初步估计的事故发生原因等。

十四 偷盗抢夺巧应对

客运车辆上旅客较多，尤其是上下车时容易混乱。为窃贼行窃提供了可乘之机。驾驶员和乘务员有义务提醒旅客提高警惕，正确处理偷窃抢夺事件，维护旅客财产和人身安全。

发生偷盗抢夺事件时，驾驶员要沉着冷静，巧妙处理险情，注意保护自身和旅客的

安全，尽量不要与歹徒发生正面冲突，切不可惊慌失措。

驾驶员一定要冷静、临危不惧，观察周围环境，随机应变，及时启动报警装置。如果行车中遇到警察或警车时，要设法做出能引起警察注意的举动，如违章行驶、突然停车等。

通过犯罪分子的言行和自己的观察分析，判明犯罪分子的真实企图是抢钱还是劫车。在财产和生命安全面前，应当首先考虑生命安全。如果劫匪人数多，停车地方又偏僻，弃车保全生命、牢记犯罪分子体貌特征、保存好相关证据、及时向公安机关报案是上策。

要记住歹徒的体貌特征

犯罪分子劫车一般在停车后下手，驾驶员发现有劫车企图时，不要轻易停放，也不要轻易下车，尽可能将车开到机关、厂矿、学校、居民区等人多、繁华的地区停车，夜间要开到路灯下停放。

如有旅客报告失窃，驾驶员要立即安全停车，详细了解旅客被盗财务情况，在取得其他旅客同意的前提下，拨打110报警或将公交车开到附近公安机关，交由警察处理。

十五 非传统安全严防范

交通运输行业点多面广、人员密集、流动性高、运行环境开放，易受到各种非传统安全因素的干扰。

> **小贴士**
>
> 《中华人民共和国反恐怖主义法》相关规定
>
> 《中华人民共和国反恐怖主义法》第三十五条规定，对航空器、列车、船舶、城市轨道车辆、公共电汽车等公共交通运输工具，营运单位应当依照规定配备安保人员和相应设备、设施，加强安全检查和保卫工作。

为了防范非传统安全事件发生，驾驶员应在日常的生活和工作中做好以下准备：

（1）提高应急处置技能。加强对法律法规的学习力度，参加安全教育培训，不断提升自身应对突发情况的应急处置能力，做到能够冷静、妥善处理各类突发事件。

（2）强化安全反恐工作。利用科技手段提高反恐监控能力，落实"三不进站、六不出站"的规定，严防可疑人员上车，做好行李物品的安全检查工作和对旅客的宣传教育工作，保证车辆和人员安全。

十六　重大疫情严防控

在疫情预警期间，驾驶员要采取以下处置措施：

（1）严格遵守交通运输部门的通行规定、各地通行路线与实践的限制要求，以及相关防控措施。

（2）提前掌握运输全程沿途留验站设置情况。

（3）上岗前测量体温，并做好自我防护措施。

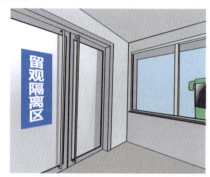

（4）行车前要做好车辆技术维护，确保车辆技术状况良好。同时，随车配备必要的防护和消毒物品。

第六章 紧急情况应急处置

（5）行车前配合其他驾乘人员做好自我防护、旅客体温检测、长途客运旅客实名登记等措施，倡导旅客佩戴口罩乘车。

（6）行车过程中全程佩戴口罩，不与其他人员交谈，保持手部卫生，不用手触摸眼、口、鼻，注意随时通风消毒。

（7）途中有发热的旅客，要按照国务院联防联控机制及时进行处理。做好自身及其他旅客的防护工作，以最快的方式将发热旅客送至留验站。

（8）三类以上道路客运班线客车要严格执行"点对点"运输，不得站外上下客、不得在未设置卫生检疫站的站点配客，客运包车不得招揽包车合同以外的旅客。

（9）在高速公路服务区、收费站、省界等地点设置的卫生检疫站，配合体温检测，耐心等待。

（10）收车后要用肥皂或有消毒功效的洗手液清洗双手。

（11）出现发热、畏寒及呼吸道症状时，及时就医，并向公司及主管部门上报病情。

第三节　事故现场的应急处置及常见伤员救护方法

一、事故现场的应急处置

1 立即停车

交通事故发生后，道路运输驾驶员必须立即停车，拉紧驻车制动器操纵杆，切断电源，开启危险报警闪光灯，并在车辆后方按规定设置危险警告标志。如在夜间发生交通事故，还需要开启示廓灯和尾灯。

2 及时报案

道路运输驾驶员在交通事故发生后，

应及时将事故发生的时间、地点、人员伤亡情况等，通过拨打122报警电话或委托过往车辆、行人向附近的公安交通管理部门报案并向所在企业报告相关情况。涉嫌交通肇事逃逸的，还应当说明肇事车辆的车型、颜色、特征及其逃逸方向、逃逸驾驶员的体貌特征等有关情况。在报案的同时，可向附近的医疗单位、急救中心求援。如果现场发生火灾，还应向消防部门报告。

3 抢救伤员

在确认伤员的伤情后，能采取紧急抢救措施的，应尽最大努力对其实施抢救，救护方法包括止血、包扎、固定、搬运和心肺复苏等。

4 保护现场

为使公安交通管理部门准确勘查现场，为分析事故原因提供确切的资料，道路运输驾驶员应在不妨碍抢救伤员的情况下，尽力保护好事故现场。在条件允许的情况下，迅速用粉笔、砖、石块等将伤员倒卧的位置和姿势记下来。遇有雨、雾天和刮风等天气时，为保护事故现场痕迹不被破坏，应用席子、塑料布、油布等盖上现场痕迹。对事故现场散落的物品，应妥善保护，注意防盗防抢。

5 做好防火防爆措施

在交通事故现场，道路运输驾驶员还应做好防火防爆措施。首先，应关闭发动机，消除一切可能引起火灾的隐患。如事故现场有扩大事故的因素，如油箱撞破，燃油外泄，应立即疏散乘客到安全地点，并隔离现场。载有危险物品的车辆发生交通事故时，要及时将危险物品的化学特性（是否有毒、是否易燃易爆、是否具有腐蚀性）以及装载量、泄漏量等情况通知相关部门，以便采取相应的防范措施。

二 事故报告程序、内容和处理方法

事故报告内容

道路客货运输驾驶员在行车过程中发生事故，应当立即向企业负责人报告，报告的内容包括：

（1）事故发生的时间、地点以及事故现场情况；

（2）事故的简要经过；

（3）事故已经造成或者可能造成的伤亡人数（包括下落不明的人数）和初步估计的直接经济损失；

（4）已经采取的措施；

（5）其他应当报告的情况等。

事故报告应当及时、准确、完整，不得迟报、漏报、谎报或者瞒报，否则将承担相应的法律责任。

弯道

坡道

交叉路口

三 常见伤员救护方法

道路客货运输途中，遇到旅客突发疾病或因事故造成意外伤害时，驾驶员要及时选择安全的地点停车，力所能及地进行自救和互救，同时拨打急救电话，请求医疗救护机构支援。

1 救护谨遵"四原则"

（1）正确判断伤情。

（2）科学施救，避免造成二次伤害。

第六章 紧急情况应急处置

（3）选择安全的场所实施救护。
（4）先救命，后治伤。

2 伤员失血速包扎

1 指压止血法

用手指或敷料直接压迫出血部位近心端的动脉，阻断动脉血液流动，以达到快速止血的目的。

2 加压包扎止血法

用敷料或者其他洁净的毛巾、手绢、三角巾等覆盖伤口，通过加压包扎压迫出血部位进行止血。

加压包扎止血的步骤及操作要求

3 加垫屈肢止血法

对于前臂、上臂或小腿出血，且没有骨折和关节损伤的情况，可以通过加垫屈肢达到止血目的。

加垫部位及操作要求

4 绷带包扎法

用绷带包扎伤口，目的是固定盖在伤口上的纱布，固定骨折或挫伤，并有压迫止血的作用，还可以保护患处。

不同绷带包扎方法的操作要求

5 三角巾包扎法

不同三角巾包扎方法的操作要求。

不同三角巾包扎方法的操作要求

3 骨折固定有技巧

常见的骨折固定方法分为肱骨骨折固定法和下肢骨折固定法。

骨折固定方法的操作要求

4 烧伤救护讲科学

1 烫伤

烫伤的症状为：皮肤发红、起泡、感觉疼痛。在现场对烫伤进行处理时应首先考虑尽快降温，可以用流动的干净温水持续冲洗烫伤部位，直到不红、不疼、不起泡为准。

2 烧伤

内部组织受损的烧伤，可引起呼吸困难、休克、烧伤性疾病等危险，发现有烧伤的伤员时，应采取以下急救措施：

（1）迅速脱掉烧着的衣服，或采用浇冷水、就地打滚等方式扑灭衣服上的明火。

（2）用流动的干净温水持续冲洗除脸部之外的烧伤部位，直到不红、不疼、不起泡为止。

（3）用消过毒的纱布或清洁的被单覆盖除脸部之外的烧伤创面，不可用沙土、粉剂、油剂等敷抹。

（4）适量饮用淡盐水，防止脱水休克。

（5）若烧伤部位出现水泡，可以用塑料袋或保鲜膜轻轻覆盖在水泡上进行保护。

（6）反复检查呼吸和脉搏，防止休克，并尽快将伤者送往医院。

5 伤员搬运要小心

救助人员应根据伤员伤情的轻重和类型，采取科学、合理的措施搬运伤员，如采用单人搀扶、多人平抬、担架搬运等，避免伤员受到二次伤害。

伤员搬运方法的操作要求

6 心肺复苏能救命

对心脏、呼吸骤停伤员的有效抢救方法是对伤员进行口对口人工呼吸、胸外心脏按压。

心肺复苏抢救的步骤及操作要求

7 危重伤员早抢救

1 头部损伤的伤员

如果伤员受伤不严重，神志清醒，呼吸、脉搏正常，可进行伤部止血，包扎处理后，扶伤员靠墙或树坐下，找一块垫子将头和肩垫好。若伤员受伤严重并出现昏迷，要保持呼吸道通畅，密切注意呼吸和脉搏。

在进行救护转移时，护送人员扶助伤员呈半侧卧状，头部用衣物垫好，略加固定，再进行转移。

2 休克伤员

受伤者失血过多时会出现休克，其症状表现为：面色苍白、四肢发凉、额部出汗、口吐白沫，显得焦躁不安，脉搏跳动变得越来越快和虚弱，最后脉搏几乎摸不出来。这些症状有时会部分出现，有时会同时出现。休克时间过长，可以使伤员致死，因此应及时采取以下急救措施：

（1）将伤员安置到安静的环境。
（2）抬起伤员腿部直到处于垂直状态。
（3）采取保暖措施，以防止体热损耗。
（4）反复检查呼吸和脉搏。
（5）迅速呼救，及时送往医院。

3 昏迷不醒的伤员

可能引起昏迷不醒的原因有缺氧、中毒、中暑、暴力刺激大脑等。对昏迷失去知觉的伤员，在抢救时要先检查伤员的呼吸情况，并保持伤员侧卧位，以保证其呼吸畅通，防止窒息。

4 大量失血的伤员

如果伤员失血过多，将会出现生命危险，如出现休克等症状，应立即对伤员采取伤口加压止血和包扎措施。失血过多往往会产生休克，因此流血止住后，要继续采取一些防止休克的措施（具体措施见上文）。

第六章 紧急情况应急处置

8 应急设备灵活用

1 车用急救包

车用急救包是用于突发事件发生后自救或互救的应急救护设备，主要包含应急药品和急救工具。

（1）应急药品。

①云南白药喷雾等急性扭挫伤救护药品。

②风油精、藿香正气水等祛暑药品。

③速效救心丸、人丹等急性心脏病救护药品。

（2）急救工具。

①三角巾、卷状胶带、伸缩性包带、包扎布、急救夹板等包扎工具。

②无纺创可贴、皮肤清洁布、纱布垫、手套等止血工具。

③急救用盖毯、急救手册、口罩、医用剪刀等其他急救工具。

2 自动体外除颤器（AED）

自动体外除颤器又称自动体外电击器、自动电击器、自动除颤器、心脏除颤器及傻瓜电击器等，是一种便携式的医疗设备，它可以诊断特定的心律失常，并且给予电击除颤，是可被非专业人员使用的用于抢救心源性猝死患者的医疗设备。目前一些豪华客车已经配备了自动体外除颤器，进一步提高了旅客的乘坐安全性。

AED的操作方法如下：

（1）打开AED的盖子，依据提示文字和语音的提示操作。

（2）在患者右胸上部和左胸左乳头外侧，紧密地贴上电极。具体位置可以参考AED机壳上的图样和电极板上的图片说明。

（3）将电极板插头插入AED主机插孔。

（4）按下"分析"键，AED将会开始分析心率。分析完毕后，AED将会发出是否进行除颤的建议，当有除颤指征时，不要与患者接触，同时让附近的其他人远离患者，由操作者按下"放电"键除颤。

（5）除颤结束后，AED会再次分析心律，如未恢复有效灌注心律，操作者应进行5个周期心肺复苏，然后再次分析心律，除颤，心肺复苏，反复至急救人员到来。

CHAPTER
07

第七章

道路客货运输知识

通过本章的学习，驾驶员能够掌握道路客货运输运营管理基础知识，掌握道路客货运输服务要求和业务流程。

第一节 道路旅客运输知识

一、道路旅客运输的分类与特点

道路旅客运输是指运用载客工具在道路上使旅客进行位置移动的活动。

1 道路旅客运输的分类

根据运输方式的不同，道路旅客运输分为班车客运、包车客运和旅游客运。

（1）班车客运，是指营运客车在城乡道路上按照固定的线路、时间、站点、班次运行的一种客运方式，包括直达班车客运和普通班车客运。加班车客运是班车客运的一种补充形式，是在客运班车不能满足需要或者无法正常运营时，临时增加或者调配客车按客运班车的线路、站点运行的方式。

班车客运的线路按照经营区域分为以下4种类型。

一类客运班线：跨省级行政区域（毗邻县之间除外）的客运班线。

二类客运班线：在省级行政区域内，跨设区的市级行政区域（毗邻县之间除外）的客运班线。

三类客运班线：在设区的市级行政区域内，跨县级行政区域（毗邻县之间除外）的客运班线。

四类客运班线：县级行政区域内的客运班线或者毗邻县之间的客运班线。

其中，毗邻县包括相互毗邻的县、旗、县级市、下辖乡镇的区。

（2）包车客运，是指以运送团体旅客为目的，将客车包租给用户安排使用，提供驾驶劳务，按照约定的起始地、目的地和路线行驶，按行驶里程或者包用时间计费并统一支付费用的一种客运方式。

包车客运按照经营区域分为省际包车客运和省内包车客运。省级人民政府交通运输主管部门可以根据实际需要，将省内包车客运分为市际包车客运、县际包车客运和县内包车客运并实行分类管理。包车客运经营者可以向下兼容包车客运业务。

（3）旅游客运，是指以运送旅游观光的旅客为目的，在旅游景区内运营或者其线路至少有一端在旅游景区（点）的一种客运方式。

旅游客运按照营运方式分为定线旅游客运和非定线旅游客运。

定线旅游客运按照班车客运管理，非定线旅游客运按照包车客运管理。

2 道路旅客运输的特点

道路旅客运输与其他客运方式相比，有以下特点：

（1）道路旅客运输是沟通城市与乡村，连接内地和边疆，分布最广阔，在各种客运方式中网络最为密集的运输方式。

（2）以汽车为主要运输工具，对道路条件适应性强，能够运达山区、林区、牧区等不易到达的地方。

（3）具有机动、灵活、方便等特点，既可组织较多车辆完成一定规模的、大批量的旅客运输任务，也可单车作业，完成小批量的旅客运输任务，还可以为铁路、水路、航空等运输方式集散旅客，具有其他运输方式所没有的"门到门"运输和就近上下客等特点。

（4）道路客运线路纵横交错、干支相连，线路和站点形成网络，并易于根据情况调整，便利旅客乘车，能较好地满足旅客出

第七章　道路客货运输知识

行的需要。

（5）投资少，资金回收快，车辆更新容易，能适应国民经济的发展和人民物质文化水平提高的需要。

二　道路旅客运输的基本环节

1 报班准备

客运驾驶员应于前一日确认次日运输任务，包括行车线路、发车时间、起讫站点、途经站及停靠站等信息；因病、因事请求变更工作班次，应提前办理有关手续，不得私自换班、调班。

客运驾驶员当班时，应保持个人清洁，着职业服装，衣着干净整洁，头发梳理整齐，修饰得体，身上无汗味或无异味。

客运驾驶员应提前30min做好客车安全例行检查，持安全例检合格通知单和机动车驾驶证、车辆行驶证、从业资格证、道路运输证等相关证件到站报班。包车客运驾驶员还应随车携带包车票或者包车合同。

2 上客服务

客运驾驶员应提前10~15min将车辆停入指定上客区或约定地点，放好客运标志牌，打开车门和行李舱门，调节好车厢内温度，等待旅客上车。

旅客运输车辆安全例行检查项目

旅客上车时，客运驾驶员应主动站在车门一侧迎接旅客，与旅客核对车次、乘车日期和到达站等信息，招呼旅客安全登车，帮助旅客将大件行李物品妥善放置在行李舱内，安放完毕后及时锁好行李舱门。

旅客登车坐定，客运驾驶员应检查旅客的随身行李是否安放正确，确保过道、安全出口位置无物品，行李架上的物品摆放整齐、稳妥，不会脱落。以目测的方式迅速核对旅客人数，办理结算凭证交接手续。

3 发车出站

发车前，客运驾驶员应提醒和帮助旅客系好安全带，向旅客进行安全告知。

2011年，交通运输部发布《关于积极推行道路客运安全告知制度有关事项的通知》（交运发〔2011〕396号），要求在班车客运车辆、旅游客运车辆上推行安全告知制度。安全告知的主要内容包括：

（1）客运公司名称、客车号牌、驾驶员及乘务员姓名和监督举报电话；

（2）客运车辆核定载客人数、行驶线路、经批准的停靠站点、中途休息站点；

（3）法律法规规定事项（如禁止旅客携带或客运车辆装运危险品等）；

（4）车辆安全出口及应急出口逃生、安全带和安全锤使用方法。

客运驾驶员在确认旅客及行李等情况无异常后，关好车门，观察周边行人及车辆情况，进行发车喊话，在站务人员的指挥下，平稳驶离上客区。

客运驾驶员应按规定及时使用车上服务设施，为旅客提供良好的旅行环境。开启车载视听系统，向旅客宣传安全乘车知识，播放健康、合法的视频节目。

客运站"三不进站、六不出站"

班车客运站应遵守"三不进站、六不出站"制度。其中，"三不进站"是指：危险品不进站、无关人员不进站（发车区）、无关车辆不进站。"六不出站"是指：超载营运客车不出站、安全例行检查不合格营运客车不出站、旅客未系安全带不出站、驾驶员资格不符合要求不出站、营运客车证件不齐全不出站、"出站登记表"未经审核签字不出站。

未取得合法经营手续的客运车辆或虽取得合法经营手续但未与客运站签订进站经营协议的客运车辆，禁止进站从事经营活动。

客运站无正当理由,不得拒绝合法客运车辆进站经营。

班线客车行驶至客运站的出站口时,客运驾驶员应主动接受出站检查,检查合格并与出站检查人员共同签字确认后再出站。

4 途中服务

行车途中,客运驾驶员应关注旅客在车厢内的动态,提醒旅客注意安全,不要将手和头部伸出窗外,发现非法活动应及时报警,维护旅客人身和财产的安全。

客运班车应按照规定的线路、班次和站点运行,在规定的途经站点进站上下旅客。待车辆停稳后,客运驾驶员再开启车门上下旅客,同时提醒下车的旅客注意车右侧来往的车辆,避免发生冲撞。

包车客运驾驶员在客运车辆包用期间,要服从包车人的合理安排,按照与包车人约定的时间、起始地、目的地和线路运行,保证车辆正常使用。在行车中遇有特殊情况时,应根据包车人的意见处理,同时报告企业相关管理人员。

途中停车开门前,客运驾驶员应通知旅客停车和开车时间,提醒旅客保管好自己的随身物品。旅客上车后,客运驾驶员应进行提醒喊话,核对人数,确保旅客不漏乘、不错乘。停车休息时,客运驾驶员应完成途中安全检查作业。

途中车辆发生异常现象或异常响动时,客运驾驶员应及时将车辆停放在路边进行检查,并采取必要的安全措施。

5 到站服务

进入客运站下客区时,客运驾驶员应服从现场服务人员指挥,停靠到指定的位置。车辆停稳后,应提醒旅客拿好自己的随身物品,所有旅客下车后开启行李舱门,帮助旅客提取行李。如有行包或快件货物的,应做好货物交接工作。

旅客和行李离车后,客运驾驶员应立即驶离下客区,并按要求在完成清洁卫生工作和例行维护工作后,开往规定的停车区或待发下一班车。车辆停放时,客运驾驶员应拉紧驻车制动器操纵杆,锁好车门。对轮胎易损件和安全部位进行检视,如有异常状况和故障,应及时报修。

对于双程包车,客运驾驶员抵达目的地后应在与包车人约定的、规范的停车地点等待包车人,停车后驾驶员不得擅自离开车辆。客运驾驶员在执行包车运输过程中,应当准确记录行车时间、行驶里程等信息,并由包车人确认,为计费提供依据。

三 危险品的识别

客运驾驶员发现旅客随身携带或在行李中夹带易燃、易爆、有毒、有腐蚀性、有放射性及有可能危及车上人员人身和财产安全的危险物品或者国家规定的违禁物品时,应制止其携带上车,耐心做好解释工作。

常见的禁止旅客携带的易燃、易爆危险品的违禁物品见表7-1。

禁止旅客携带的易燃、易爆危险品和违禁物品 表7-1

危禁品类别及品名		代表性物质	危害性
易燃、易爆物品	易燃、助燃、可燃毒性压缩气体和液化气体	液化石油气、天然气、煤气(瓦斯)、氢气、甲烷、乙烷、丁烷、乙烯、丙烯、乙炔(溶于介质的)、一氧化碳、氧气等	受热、撞击、遇湿等外界作用,能发生剧烈的化学反应,瞬时发生爆炸或燃烧,并可能散发出有毒烟雾或有毒气体
	易燃液体	汽油、煤油、柴油、苯、乙醇(酒精)、丙酮、乙醚、油漆、稀料、松香油及含易燃溶剂的制品等	

第七章　道路客货运输知识

续上表

危禁品类别及品名		代表性物质	危　害　性
易燃、易爆物品	易燃固体	红磷、闪光粉、固体酒精、赛璐珞等	受热、撞击、遇湿等外界作用，能发生剧烈的化学反应，瞬时发生爆炸或燃烧，并可能散发出有毒烟雾或有毒气体
	自燃物品	黄磷、白磷、硝化纤维（含胶片）、油纸及其制品等	
	遇水燃烧物品	金属钾、钠、锂、碳化钙（电石）、镁铝粉等	
	氧化性物质和有机过氧化物	高锰酸钾、氯酸钾、过氧化钠、过氧化钾、过氧化铅、过氧乙酸、双氧水等	
毒害品		氰化物、砒霜、毒鼠强、汞（水银）、剧毒农药等剧毒化学品以及硒粉、苯酚、生漆等	吸入或皮肤接触后可能造成严重受伤、健康损害甚至死亡
腐蚀性物品		盐酸、硫酸、硝酸、氢氧化钠、氢氧化钾、蓄电池（含氢氧化钾固体或注有碱液的）等	人体接触时会造成严重受伤；遗撒时，腐蚀车身部件，甚至引发火灾
放射性物品		夜光粉、发光剂、放射性同位素等放射性物品	轻者会造成细胞损伤、头晕、疲乏、脱发等；重者会引起白血病、癌变甚至死亡，或引起基因突变和染色体畸变
爆炸物品类	弹药	炸弹、照明弹、燃烧弹、烟幕弹、信号弹、催泪弹、毒气弹和子弹等	受热、撞击等外界作用，能发生剧烈的化学反应，瞬时发生爆炸或燃烧
	爆破器材	炸药、雷管、导火索、导爆索、爆破剂等	
	烟火制品	礼花弹、烟花、爆竹、黑火药、烟火剂、引线等	
管制刀具、枪械类	枪械类	自制枪、制式枪、仿真枪等	制造抢劫、人身伤害事件，妨碍公共安全
	管制刀具	匕首、三棱刀、带有自锁装置的刀具和形似匕首但长度超过匕首的单刃刀、双刃刀以及其他类似的单、双刃刀，三棱尖刀等	
其他物品	有强烈刺激性气味、恶臭等异味的物品等	榴莲、大蒜油等	妨碍公共安全、公共卫生或社会秩序
	动物	狗、猪等	
	尸体、尸骨	—	
	国家法律、法规规定的其他禁运的物品	毒品、伪劣药品以及伪造、变造、非法印刷的人民币等	妨碍社会安全或社会秩序

四　旅客出行心理需求与服务技巧

客运服务一方面使旅客到达目的地，另一方面也要满足旅客在整个运营过程中的合理需要。服务质量的高低和服务水平的优劣，体现在满足旅客需要的程度。驾驶员掌握旅客的心理和服务艺术，不仅有利于驾驶员与旅客之间的交流和相互理解，避免发生服务纠纷，而且能够了解旅客不同层次的需求，让服务变得更加人性化、多样化、差异化，真正实现以人为本的优质客运服务。

1 服务意识的树立

服务意识是指客运驾驶员在运营过程中所体现的为旅客提供热情、周到、主动服务的观念和愿望，它源自驾驶员的内心。在运营过程中，客运驾驶员提高自己的角色认知能力，正确认识、处理与旅客的关系，树立"旅客是上帝"的服务理念，自觉形成为旅客提供优质服务的意识。

（1）充分理解旅客的需求。对旅客提出的要求，客运驾驶员要根据自身的能力和条件，尽力给予解决。对旅客提出超越服务范围但又是正当的需求，尽量作为特殊需求予以满足，或者及时向旅客解释困难，取得旅客的谅解。

（2）充分理解旅客的想法。旅客由于某种原因心情不佳时，往往容易激动，控制不住情绪，有时会因一件小事借题发挥而迁怒于驾驶员，甚至会大发雷霆。在这种情况下，客运驾驶员要给予理解，用耐心和更好地服务去感化旅客。

（3）充分理解旅客的误会。由于文化、知识、修养等差异，旅客对道路客运的规则或服务不甚理解而提出种种不合理的意见或拒绝合作时，客运驾驶员应充分理解旅客的误会，耐心向旅客作出真诚的解释，并力求给旅客以满意的答复。

（4）充分理解旅客的过错。由于种种原因，遇到旅客有意找茬或强词夺理时，客运驾驶员应多些包容，控制好情绪，充分理解旅客的过错。秉承"旅客是上帝"的理念，做好耐心、细致的解释工作。把理让给旅客，把面子让给旅客，做到得理让人。

2 旅客的共性心理需求与服务技巧

虽然旅客的心理活动千差万别，其心理需求也是多方面的，但不同旅客之间有一些共性的心理特征。客运驾驶员充分把握旅客的这些共性心理，灵活运用服务技巧，因势利导，化消极因素为积极因素，能够有效地提高服务质量和旅客的满意度。

1 安全心理

在运营服务中，旅客的安全包括生命安全、人身安全、财产安全、环境安全、心理安全等诸多方面。人的安全感建立在愉快感、舒适感、满意感之上，因此，安全是旅客出行最基本的需要。

旅客上车之后，个人的生命、财产安全就全部交给了驾驶员，旅客内心渴望能安全到达目的地，但又左右不了安全，因此，始终会有一种对安全的忧患心态。

为了使旅客获得到心理上的安全感，客运驾驶员应遵章守法，规范操作，有预见性地驾驶，控制好车速和安全距离，尽量保持车辆运行平稳，避免紧急制动、急加速、急转向等危险驾驶行为，遇交通条件较差的路段，及时对旅客进行必要的安全提示。中途停车时，注意看管旅客的行李，起步前清点人数，防止遗漏旅客。

2 目的指向心理

旅客出行都有一个预定的目的地，能够顺利到达目的地，是出行的心理取向，这种心理取向伴随着整个乘车过程。

对于旅客的这种心理，客运驾驶员需要通过上车前的提醒与途中的及时报站，防止旅客错过站，通过安全谨慎地驾驶避免因交通事故造成延误等，解除旅客在车辆运行过程中所担心的问题，使旅客心理趋于平和。

3 准时心理

旅客在时间上的心理要求普遍反应比较强烈，多数旅客在客车运行中都要盘算时间和路程。但受交通拥堵、车辆技术故障、

第七章 道路客货运输知识

交通事故等客观条件和意外事故的制约，旅客的时间心理需求有时得不到满足，此时，大多数旅客会感到沮丧不安，心焦烦躁，甚至演变成发怒，把自己的时间看成比任何事情都重要，不愿意宽容别人的过失，不理解驾驶员的工作，易与他人发生矛盾冲突。

面对旅客的这种心理情绪，客运驾驶员应重视旅客的心理需求，耐心解释、好生安慰，稳定旅客情绪，保证工作效率。

4 受到尊重心理

受到尊重是旅客较高层次的心理需求。尊重旅客是道路客运服务的信条和准则，其要点是客运驾驶员要保持良好的心态，注重礼节，语言礼貌，态度和蔼，忌用命令、催促、不耐烦的口吻，更不讲讽刺、挖苦的话，面部表情不能表现出轻视、满不在乎，让旅客感到亲切和温馨，从而通过尊重旅客，换取旅客对自己的尊重和理解。

5 追求舒适心理

乘车条件和乘车环境尽可能的舒适，环境优美、整洁，车厢气氛和谐、融洽，能使旅客产生心理上的舒适感。

除了在道路客运服务硬件设施方面满足旅客的这种需求外，如车窗明净、座椅整洁、配置视听系统、卫生状况良好和换气通风等，更主要的是在服务上做出相应的努力，在车辆运行过程中，善于营造出一种友爱、和谐、快乐的氛围，使旅客心理舒适的需求得以满足。

另外，旅客在长途行车中容易产生心理疲劳，容易出现情绪不稳，甚至会出现狂躁和突发性精神失常。因此，客运驾驶员可通过适度的停车休息、调节车内通风等，设法调节旅客的情绪。

3 旅客的个性心理需求与服务技巧

在旅客群中，除了有共性的心理特征外，因每个人的性格、文化水平、社会经历等不同，还会有个性化的心理特征。掌握旅客微妙的心理变化，运用恰当的表情、言语和服务对症下药，从而让旅客为你的服务满意。

1 防范型旅客

这类旅客主要是指老年人、进城务工人员等平时较少单独乘车的群体，其心理特征主要表现为谦恭、谨慎、忧郁，防范心比较重。他们最痛恨被人欺骗，一旦发现你所说的或做的与现实不符，他们就会情绪激动，甚至暴跳如雷。

对待这样的旅客时，客运驾驶员必须亲切慎重，多谈自己与他们在生活上共同的地方，消除他们的紧张感，让他们觉得你是朋友。一旦出现工作失误时，要主动向旅客说明原因，寻求合理的解决办法，不可等他向你兴师问罪时再作解释。

2 主导决策型旅客

这类旅客主要是指有知识背景、社会地位或财富的群体，其心理特征主要表现为自信、有优越感。他们计较别人的仪态是否恭顺、言辞是否谦和、态度是否礼貌，态度傲气而冷漠，说话直接、强硬。

对待这样的旅客时，客运驾驶员必须服务规范，服务讲礼仪，有自信，声音略洪亮清晰，不卑不亢。

3 情绪波动型旅客

这类旅客主要是指感情失意或者经商失利等正经受挫折的群体，其心理特征主要表现为行为冲动、言语粗暴，似乎在指责一切问题都是由别人引起的。

对待这样的旅客时，客运驾驶员必须以亲切的态度，有礼貌，慢慢地说明，且留心他的表情变化；不跟他们争论，避免说让对方构成压力的话，否则会使他们更加急躁。

道路客货运输驾驶员继续教育培训教材（第4版）

④ 平静思索型旅客

这类旅客主要是指公务员、教师、学者等具有较高文化水平的群体，其心理特征主要表现为内敛、善于观察、有主见、了解详细、不轻易表态。

对待这样的旅客时，客运驾驶员必须服务规范，服务讲礼仪，诚实对待，解释有耐心，就事论事，以理服人。

4 洞察乘客心理的方法

洞察乘客心理是指通过观察乘客情绪、语言、行为等方面的特征，把握乘客内心的真实想法，判断乘客的心理状态。驾驶员有效把握乘客的真实想法，适当调整自己的应对策略，在处理与乘客的关系时可收到事半功倍的效果。

① 观察乘客的表情和动作

乘客的心理状态会通过表情、动作表现出来。如咬牙切齿表示愤怒，红光满面表示高兴，沉默不语可能预示正在承受着某种压力，伤感悲哀则是遇到了不幸。另外，呼吸急促是焦虑、悲伤或愤怒的表现；与人说话时，深吸一口气再说话，是正在压抑或者调整自己某种激烈情绪的表现；表情、动作十分自然的乘客，一般处于正常的心理状态。

② 观察乘客的言谈

乘客的心理状态还会通过谈吐时的语气、语速、声调等表现出来。如乘客听人说话没有耐心，或者别人一开口就打断别人的话，伴随一些夸张的大动作，表明个性较强或者不耐烦；乘客表达时的语速快，说明此人性格直爽，脾气比较急；说话结结巴巴或者经常说错话，则是紧张或者有隐情的表现；乘客故意拉长语调或者提高嗓门，是强调或者引起注意的表现；答非所问，是心不在焉、漠不关心的表现等。

5 服务礼仪

服务艺术是指为乘客提供服务时运用的知识和技巧，其目的是最大限度地满足广大乘客在客车运行中的要求。较好地运用服务艺术，能在无形中预防或消除与乘客间可能发生的误会和矛盾，促进相互理解，使乘客感到满意。

① 语言

说好第一句话对于进行有效的沟通非常重要。第一句话要简练、亲切、自然。比如，一个适当的称呼，一句简单、亲切的欢迎短语，能给乘客留下愉快的印象，消除乘客敌对的心态。在用语方面要注意以下几个问题：

（1）使用敬语。日常的礼貌用语是文明服务的基础，首先从使用敬语做起：

①根据不同年龄称呼乘客。对老年人，一般称大爷或大娘；对中年人和青年人，可称同志；对少年儿童，可称小朋友。

②需要麻烦他人时，说话前加上"请"或"劳驾"，表明没有凌驾于他人之上的意思。称呼老年人或中年人最好用"您"，含有尊重之意，使人听起来感觉亲切。

③无意中冒犯、冲撞了他人，或者不能满足对方要求等情况下，应该说"对不起"。

④在获得乘客理解时，立即向对方道谢。对他人的道谢要有回应，可以说"不用客气""没什么，应该的"等。

（2）注意语气和语调。同样一句话，常常因为语气或语调不同，会表达不同的意图和情感，给乘客以不同的感受。在与乘客谈话时，用征求意见和商量的语气说话，比简单发问或表示自己的意见更合适。例如，当未听清对方的话时，说"对不起，我没听清楚，可不可以请您讲慢一些"比说"说什么？没听清"效果要好。

当需要制止乘客某种行为时，应该用劝告、建议、请求的语气说话，而不应用命

第七章 道路客货运输知识

令、训诫式的语气。例如，当旅客将手伸出车外时，礼貌地说"请您不要将手伸出车外，这样容易发生危险"比生硬制止的效果要好得多。

声调太低，使人听不清，会给人一种不耐烦、不高兴的感觉；声调太高，易显得粗暴生硬；声调短促或拖长，容易使人理解为鄙视和烦厌。例如，"对不起"是一句表示道歉的客气话，如果用不正常的口气声调来说，就会变成含有威胁、报复的气愤话。

因此，交谈中应该态度认真、诚恳，说话声调温和、声音清晰，正确地表达语意，避免用过高或过低的声音说话，更不能使用刺耳难听的声调。

（3）避免引起争论。与乘客说话，要注意避免提出易引起争论的话题，作出易引起争论的答复，更不能任性抬杠，甚至强词夺理。例如，乘客要在中途下车行方便，问"我在这下车行不行"，驾乘人员可按规定回答"行"或"对不起，这里不能停车"。如果反问一句"你还不知道行不行"，就容易使乘客感到不被人尊敬而引起争吵。

（4）注意谈话禁忌。与乘客对话时，忌问乘客的个人隐私，如年龄、婚姻状况、收入、财产等，不追问乘客不愿回答的问题；忌揭人短处，如身体残疾、生理缺陷等。

2 仪表和举止

面部表情传播着人内心的某些信息，表达着对于对方的或喜或烦、或恭或蔑、或诚或伪等态度，人与人之间进行了解首先从面部表情开始。与乘客说话时，面带笑容，表示乐意听乘客述说，并乐意为乘客服务。还可根据说话内容调整表情，表示出同情、惋惜、高兴、抱歉等复杂的感情。

说话时，外观表现应端庄大方，既不要点头哈腰或勉强做作，也不要扭捏不安，手足无措。必要时，可适当做一些手势，增强语言表达力，但不宜过多，动作幅度也不宜过大，注意不要用手指人。

说话时，要面对乘客，目光平视对方，注意倾听。不要急于打断乘客说话，也不要边工作边应答，更不要话未听完，就任意走开。

第二节　道路货物运输知识

道路货物运输是指以载货汽车为主要工具，将货物运抵目的地的活动，运输过程要求迅速、准确、货物完整、安全。驾驶员掌握道路货物运输的基本环节及安全要求，掌握客户托运需求与服务技巧、货物运输调度、货运业务洽谈、货运合同签订等知识和技能，能够更好地为客户提供货运服务，提高货运效率和经济效益。

一　道路货物运输基本知识

随着社会经济的发展，道路货物运输需求相应地在增加，同时，道路货物运输市场竞争加剧，因此，为客户提供安全、便捷、可靠、经济的优质货运服务，是赢得市场竞争的重要途径，也是道路货物运输经营者追求的目标和不断努力的方向。

1 客户托运需求与服务技巧

做好道路货物运输服务，驾驶员首先应当了解客户的托运需求，开展有针对性的服务。货物托运需求和服务技巧见表7-2。

2 货物运输调度

由于货源较为分散，不同时期的货运量

具有不稳定性,且货物流向的机动性很大,会出现运力和运量的不平衡现象。道路货物运输调度是道路货物运输企业根据货流的基本规律和变化,科学调配车辆和驾驶员,把复杂多变的运行过程组织成协调而有秩序的运营服务,使运力与运量形成平衡,保证货运工作有计划、有节奏地进行,最大限度地提高运输效率,增加经济效益。

货物托运需求和服务技巧　　　　　　　　表7-2

需求类型	服 务 技 巧
安全性	(1)检查货物包装是否满足安全运输要求; (2)对货物装卸过程进行监督,并检查货物固定是否牢固; (3)运输途中对货物进行必要的安全检查; (4)车辆运行过程中采取安全驾驶的方法
便捷性	(1)增加货源组织站点或者尽可能采取上门服务; (2)减少托运和交接过程不必要的手续
可靠性	(1)核对货物运单和货物品种、数量是否一致; (2)对运输途中温度、湿度等有特殊要求的,及时进行检查; (3)尽可能减少货物运输中转作业环节; (4)交付时,核对相关证件、单据和货物
经济性	(1)充分利用车辆装载容积和载质量; (2)根据实际情况采用先进的运输方式,如甩挂运输

在道路货物运输调度作业中,应注意以下几方面的问题:

(1)及时收集和掌握国家或地方有关道路货物运输的政策、法规和规范性文件,保证道路货物运输作业符合相关规定。

(2)及时、准确地收集和掌握货流动态资料以及装卸现场条件、道路条件、气象条件等车辆运行条件的变化情况,编制和调整车辆运行作业计划,并加强对车辆和驾驶员的现场组织、指挥、监督和检查,保证车辆运行作业计划的落实。

(3)掌握线路及车辆执行生产任务安排情况,督促车辆定期维护工作的安排,掌握车辆技术性能和车辆完好情况,合理配载,按规定签发路单。

(4)掌握驾驶员执行生产任务安排情况,合理安排驾驶员的工作任务和劳动时间。遇有特殊天气和特殊情况,应及时采取调度措施并对驾驶员进行安全叮嘱。

(5)做好相关资料的统计分析,应用科学调度方法和技术手段。

3 货物运单

货物运单是承托双方之间,为运输货物而签订的一种运输合同凭证,是货运经营者接受货物并在运输期间负保管和据以交付的凭证,也是记录车辆运行和作业统计的原始凭证。

货物运单既是办理道路货物运输及运输代理的最原始依据,又是划清承运人与托运人、收货人之间责任的重要依据。因此,货物在运输过程中,如果发生货运事故或运输费用计算错误时,货物运单就是处理承运人与托运人、收货人间责任的依据。

货物运单的内容包括:

(1)货物名称、质量、数量、体积;

(2)货物包装;

(3)托运人、收货人、承运人名称及其详细地址、邮政编码、电话号码;

(4)装货地点、卸载地点;

(5)运输日期;

第七章 道路客货运输知识

（6）运输费用和费用结算方式；

（7）货物价值，是否保价、买保险；

（8）运输要求和特约事项。

4 货运业务洽谈

货运经营者在受理大宗货物或接受大客户的定期货物运输任务前，往往需要与客户进行业务洽谈。掌握一定的业务洽谈技巧，可以提高双方合作的成功率。在业务洽谈过程中，叙述与倾听是基础，提问与答复是主体，说服、拒绝和让步三者共同构成整个洽谈的框架。

在说服对方时，需要注意以下事项：

（1）耐心倾听，掌握对方真实诉求。通过对方的话语准确判断其对运输任务的具体要求，包括其对运输时间、运输安全、运输价格等的关注程度。

（2）先易后难，循序渐进。针对对方的诉求，权衡其实现的难易程度，再按"先易后难"的次序，先谈容易达成共识的问题，再商讨分歧较大的问题，从谈判开始就表达出合作的诚意，创造出友好的洽谈气氛。

（3）强调一致，激发认同。强调双方利益的一致性与互惠性，特别要强调有利于对方的各项条件，激发对方的积极性。

拒绝是业务洽谈中一项极难掌握且极其有用的语言技巧。在拒绝客户所提的要求或条件时，需要注意以下事项：

（1）当准备拒绝对方所提的要求或条件时，先对对方加以适度的赞赏，摆出对对方的理解与尊重，然后，再就双方看法不一致的实质性内容进行阐述，避免对抗心理的产生。

（2）如果对方提出的要求超过了我方所能接受的限度时，可以把对方的要求分解为若干个由于客观原因而无法解决的方面，通过对"个体"的拒绝达到对"全体"的拒绝。

（3）如果正面拒绝对方提出的意见和要求可能引起不必要的争论时，可以采用幽默、说笑、答非所问等形式，向对方暗示拒绝。比如"您提出的这个运价让我方怎么好接受呢"，"如果真按这个运价执行，我方只能关门了"。

为了达成合作，洽谈双方应把握好争执的度，彼此作出适当的让步。在给对方作出让步时，需要注意以下事项：

（1）在不损害自身根本利益的前提下，尽可能满足客户的合理要求，表达合作的诚意。

（2）一方作出某一幅度的让步时，另一方也相应地作出同等幅度的让步，促成合作。

（3）让步应控制在合理范围内，且让步的幅度应遵循递减的方式，暗示对方，我方的让步是有限度的。

5 甩挂运输的特点和组织要求

甩挂运输是指牵引车按照预定的运行计划，在货物装卸作业点甩下所拖的挂车，换上其他挂车继续运行的运输组织方式。甩挂运输生产率的高低取决于汽车的平均载重量、平均技术速度和装卸停歇时间三个主要因素。甩挂运输适用于在装卸能力不足、运距短、装卸时间占运行时间比重较大的条件下使用。

1 甩挂运输的特点

甩挂运输在国际上得到了广泛的推广应用，已经成为非常普遍的先进运输组织方式。与传统运输方式相比，甩挂运输具有以下特点：

（1）有利于减少装卸等待时间，加速牵引车周转，提高运输效率和劳动生产率。

（2）有利于减少车辆空驶和无效运输，降低能耗和废气排放。

（3）有利于节省货物仓储设施，方便

托运人，减少物流成本。

（4）有利于组织水路滚装运输、铁路驼背运输等多式联运，促进综合运输体系建设。

2 甩挂运输组织要求

组织甩挂运输应注意以下几个方面：

（1）牵引车与挂车的组合不受地区、企业、号牌不同的限制，但牵引车的准牵引总质量应与挂车的总质量相匹配。

（2）牵引车与挂车之间的电连接器、气制动连接装置、ABS型式及接口应符合规定且相匹配。挂接后，货运驾驶员应检查灯光信号、制动系统工作是否正常，检查牵引车与挂车之间的匹配高度、回转间隙是否符合要求。

（3）组织甩挂运输应有周密的运行作业计划，提前绘制牵引车运行图，并加强对甩挂运输的调度工作。

（4）在运行和装卸作业中，在机件设备、驾驶操作、甩挂作业等方面都必须严格按规范操作，遵守现场的监督和指挥。

6 国际道路货物运输

从事国际道路运输的企业和驾驶员必须满足相应的条件，获得经营许可。从事国际道路货物运输时，应随车携带国际汽车运输行车许可证、国际道路运输国籍识别标志、国际道路货物运单等单证与标志，在运输车辆通过边境时，口岸国际道路运输管理机构会依法进行查验。车辆进入对方国家境内后，应当按照规定的线路运行。

从事国际道路运输的车辆应当标明本国的国际道路运输国籍识别标志，我国国际道路运输国籍识别标志为"CHN"。

从事国际道路货物运输的车辆，应当使用由省级国际道路运输管理机构或其委托的口岸国际道路运输管理机构发放的国际道路货物运单，由承托双方填写并签字盖章，一车一单，在规定期限内往返一次有效。

7 物流基本常识

物流，是指物品从供应地向接收地的实体流动过程，根据实际需要，将运输、储存、装卸、搬运、包装、流通加工、配送、信息处理等基本功能实施有机结合，形成比较完整的供应链，为客户提供多功能一体化服务。物流具有以下发展趋势：

（1）物流的系统化。社会经济的发展要求进一步提升物流系统化水平，使之真正成为一个跨部门、跨行业和跨区域的社会系统，真正发挥其节约社会流通成本、提高效益的功效。

（2）物流的信息化。物流的信息化有助于使产品的流动更加迅速合理，增强物流过程的可预见性和可控性，实现物流资源的优化配置和利用，大幅度提高物流管理的科学化水平。条码技术、EDI技术（电子数据交换和自动处理技术）、GIS技术（通过地理信息系统实现物流的最佳配送）、GPS技术（通过全球卫星定位系统实现物流配置的国际化）是物流信息化的四大核心技术。

（3）物流的网络化。分散的物流单体形成网络后，网络上各节点间的物流活动保持系统性和一致性，从而保证运输与配送的快速性与机动性，整个物流网络能够保持最优的库存分布和库存总水平。

（4）物流的规模化。物流企业规模化、专业化经营，有利于发挥物流企业的互补优势，并形成整体优势。

（5）物流的社会化。企业除自营物流外，还可以委托社会化物流企业承担物流服务，物流的专业化、社会化是发展的主流。

二 道路货物运输环节与安全

一般来说，道路货物运输基本环节包括

第七章 道路客货运输知识

运输合同的订立、货物托运、货物受理、货物搬运装卸、货物运送、货物交接、运输结算等。其中，货物受理、装载、运送、保管等环节与驾驶员的日常工作紧密相关。

1 货物受理

在受理零担货物托运时，承运人要对货物进行开箱（包）验视。对整车运输的批量货物，承运人应根据有关规定对可疑货物进行开箱（包）检查，确保托运的货物与运单填写的货物一致，防止托运人将禁运物品、违禁物品、危险物品和限运货物、凭证运输货物谎报或者匿报为普通货物。

道路货物运输基本环节与要求

承运人受理零担货物、整批或者拼箱货物时，应核对实际货物与运单记载的货物名称、性质、数量、质量、体积、包装方式等是否相符，检查货物包装是否良好，发现与运单填写不符或可能危及运输安全的，不得办理交接手续。包装轻度破损，托运人坚持装箱起运的，需经承运人同意并做好记录，双方签字盖章后，方可承运，由此而产生的损失由托运人负责。

承运人运输整箱货物前，应核对箱号，检查箱体和封志，发现箱体损坏或铅封脱落，需经交接人及封志监管单位签认或重新施封后，方可起运。

从事道路危险货物运输，必须具备相应的经营资质条件，向设区的市级道路运输管理机构提出申请，取得道路危险货物运输经营许可。依据《危险货物品名表》（GB 12268）和《危险货物分类和品名编号》（GB 6944），按危险货物具有的危险性或最主要的危险性，将危险货物分为爆炸品，气体，易燃液体，易燃固体，易于自燃的物质、遇水放出易燃气体的物质，氧化物质和有机过氧化物，毒性物质和感染性物质，放射性物质，腐蚀性物质和杂类等九类。驾驶员发现所运载物品有危险品时，应拒绝运输。

2 货物包装

货物运输包装是指使用适当的材料或容器并采用一定的技术，对货物在流通过程中加以保护的方法或手段，使货物在一般外力作用或自然条件下，避免破坏、变质、损失，保证安全、完整、迅速地将货物运至目的地，具有保障货物运输安全、便于装卸储运、加速交接点验等功能。

（1）易碎物品标志 —— 表明运输包装件内装易碎品，搬运时应小心轻放。

（2）禁用手钩标志 —— 表明搬运运输包装件时禁用手钩。

（3）向上标志 —— 表明运输包装件在运输时应竖直向上。

（4）怕晒标志 —— 表明运输包装件不能直接照晒。

（5）怕辐射标志 —— 表明该物品一旦受辐射会变质或损坏。

（6）怕雨标志 —— 表明包装件怕雨淋。

（7）重心标志 —— 表明该包装件的重心位置，便于起吊。

（8）禁止翻滚标志 —— 表明搬运时不能翻滚该运输包装车。

（9）此面禁用手推车标志 —— 表明搬运货物时此面禁止放在手推车上。

（10）禁用叉车标志 —— 表明不能用升降叉车搬运的包装件。

（11）由此夹起标志 —— 表明装运货物时可用夹持的面。

（12）此处不能卡夹标志 —— 表明装卸货物时此处不能用夹持的面。

（13）堆码质量极限标志 —— 表明该运输包装件所能承受的最大质量极限。

（14）堆码层数极限标志 —— 表明相

同包装件的最大堆码层数（含该包装件），n表示层数极限。

（15）禁止堆码标志——表明该包装件只能单层放置。

（16）由此吊起标志——表明起吊货物时挂绳索的位置。

（17）温度极限标志——表明该运输包装件应该保持的温度范围。

（1）易碎物品标志

（2）禁用手钩标志

（3）向上标志

（4）怕晒标志

（5）怕辐射标志

（6）怕雨标志

（7）重心标志

（8）禁止翻滚标志

（9）此面禁用手推车标志

（10）禁用叉车标志

（11）由此夹起标志

（12）此处不能卡夹标志

（13）堆码承受的质量极限标志

（14）堆码层数极限标志（图中n表示层数）

（15）禁止堆码标志

（16）由此吊起标志

（17）温度极限标志

受理包装货物时，应注意以下事项：

（1）用木箱类作包装箱，不能用破损、有裂缝或腐烂的木板，箱板上钉的钉子必须紧密牢固，不能露在外面。

（2）易碎货物应装于木箱或其他适用材料的硬包装内，并衬以干草或泡沫、海绵等材料。装货过程中如有可疑时，应摇动货箱，细听有无破碎声。

（3）装车时发现包装外部有湿痕或污迹，表明该件货物可能已经受到潮湿或污损，必要时应请托运人拆包检查。

3 货物装载与加固

1 货物装载原则

（1）应严格遵守安全操作规程，按货物的分类和特性要求进行装载（表7-3）。

第七章　道路客货运输知识

不同特性货物装载要求　　　　　　　　表7-3

货物特性	性能特征	代表性物质	装卸要求
耐温性差的货物	遇温度变化易变质	冰块	采取防热措施
耐湿性差的货物	受潮后成分和性能易发生变化	粮食	采取防潮措施
脆弱性货物	受撞击或重压易出现破碎或变形	玻璃、陶瓷	应小心轻放
互抵触性的货物	相互接触会产生有害作用	煤炭	严禁混装
易腐性货物	一般温度下易变质、腐坏	鲜鱼	采取防腐措施

（2）货运车辆载物质量（包括货物包装、防护物、固定材料及装置）应当符合车辆核定的载质量，载物的长、宽、高不得违反装载要求。

（3）装载货物质量分布均衡。装载时，货运驾驶员要注意使货载质量尽可能均匀地分布于载货平面，且沿车辆纵向中心线均衡顺装，较重的物件尽量放置于货载平面的中部。若装载货物种类较杂，则应明确各物件的质量，平均分配其质量。

车辆重心高度对安全行车非常重要，车辆重心越高意味着稳定性、安全性越低，特别是在转弯或者为躲避危险情况而急转向时容易翻车。因此，装载货物时，应尽量使车辆的重心位置降低。

装车后，货物总重心的投影应位于货车地板纵、横中心线的交叉点上。必须偏离时，横向偏离量不得超过100mm；纵向偏离时，各车轴所承受的货物质量不得超过规定的轴荷限值，且各车轴承受质量之差不得过大。

（4）货物装载顺序应遵循"后到先装，先到后装"的原则，即如果车载的货物需要运送至多个不同的客户，在装载时应将最后送达的客户的货物放置于紧靠货箱最前端的位置，第一位客户的货物则紧靠后挡板放置。如果出于安全性考虑需要以另外的顺序摆放货物，则需要相应地调整运行路线。

如果使用挂车运送货物至不同的目的地，出于行驶安全的考虑，应尽可能合理地摆放货物，以便能够首先卸载挂车上的货物。

（5）当温度升高时，液体会产生膨胀，因此，灌装液体货物时不能过满，必须预留一定的空间。不同液体的膨胀量大小不同，在灌装前要知道这类液体的膨胀量。灌装液体的数量取决于液体的膨胀量、液体的密度和车辆的总质量限值。

对于被隔板分割成若干个小的独立罐体的罐式车，在装载或者卸载时，应该特别注意质量的均匀分布，不要给车辆的前部或者后部罐体分配较大质量的液体。

2 货物加固方法

（1）横（纵）向下压捆绑方法是通过施加额外的下压力来增加接触表面的摩擦力，从而起到保护货物的作用。能够承受压力且不会压缩变形的单件货物或者堆码整齐且无空隙的货物，适合使用横（纵）向下压捆绑方法。绳索捆绑角度影响作用力的大小，捆绑角度越大，货物受到的作用力会越大；最佳的捆绑角度是90°，即垂直下压。

（2）当成件包装货物的装载宽度超出货车端侧板时，应层层压缝，梯形码放，四周货物倾向中间，两侧超出侧板的宽度应一致，并采用端部交叉捆绑方法，也可采用端部双交叉捆绑方法。端部交叉捆绑

道路客货运输驾驶员继续教育培训教材（第4版）

绳索，每道允许有一个接头。禁止使用绳索仅绕过货物侧面和端面，而不绕过货物顶面的捆绑。敞车装载的货物，禁止使用绳索在车侧拴结点上拴结后，绕过货物侧面、顶面和端面与车端拴结点拴结的交叉捆绑。

（3）对超出货车端侧板高度的成件包装货物，应用绳网或绳索串联一起捆绑牢固，也可用挡板（壁）、支柱等固定。袋装货物起脊部分，应使用上封式绳网等进行固定。

（4）在运输原木、钢板等长条、成垛堆码货物时，可使用钢丝绳或其他专用捆绑固定器材，对每垛起脊部分做整体捆绑固定。

（5）装运散装货物时，应使用合适的车辆，比如，西瓜、蔬菜等散装货物可使用敞车装运，土、沙石等可使用自卸车装运，散装水泥可使用专用罐车装运。装载散装货物或者货物易被车辆行驶时产生的风迎面吹落的，应用苫布等覆盖严密。对于西瓜等抗振能力差的货物，应用稻草等填充空隙。

（6）对于大件货物，可采用"八"字形、倒"八"字形、交叉、"又"字形或反"又"字形等拉牵固定方式。拉牵固定可在货物的前后或左右两个方向成对使用，固定工具成对角作用于货物上。

（7）固定圆柱形货物时，可选用适当规格和材质的凹木、三角挡、座架等材料和装置，并采取腰箍下压、拉牵等固定方式。固定球形货物时，应选用适当规格、具有足够强度、能保证货物稳定的座架，货物底部不得与车地板接触。对无拴结点、固定较为困难的球形货物，可采用在球体上部套圈，套圈四处拉牵牢固的固定方法。

对于超限、超长货物装车后，应用白色或红色油漆标划易于判定货物是否移动的检查线。

4 特种货物运送安全

1 鲜活易腐货物

易腐货物原则上采用专车专运，禁止与其他货物混装。不同热状态的易腐货物不得按一批托运。按一批托运的整车易腐货物，一般限运同一品名。但不同品名的易腐货物，如在冷藏车内保持或要求的温度的上限（或下限）差别不超过3℃时，允许拼装在同一冷藏车内按一批托运，托运人应在货物运单上标明。

装载易腐货物时，冷冻货物应采取紧密堆码而不留空隙，以减少货物与外界的热量传递，保持冷冻效果，但某些易碎的冷冻货物（如鱼、虾），应防止过分紧压，以免损伤货物，影响质量。卸完易腐货物后，应将车辆清扫干净。

承运人应在易腐货物装车前（加冰运输的在加冰前）检查冷藏车的冰箱、排水座、排水管、排水碗、车门及车内设备是否齐全良好，车内是否清洁卫生。不能保证货物品质的车辆，严禁使用。

托运人托运易腐货物，应在货物运单上填记货物的名称，并注明其品类序号、热状态及冷藏温度，同时注明易腐货物容许运送的期限。

用冷藏车运输易腐货物时，在装车前必须预冷车辆，车内温度降低后，才能装车。

2 大型物件

道路大型物件运输，是指汽车运载长度在14m以上或宽度在3.5m以上或高度在3m以上的货物，以及质量在20t以上的单体货物、捆扎货物等不可解体的货物。

承运人应根据托运人填写的运单和提供的有关资料，对大型物件予以查对核实。承运大型物件的级别必须与批准经营的类

第七章　道路客货运输知识

别相符，不准受理经营类别范围以外的大型物件。

承运人应根据大型物件的外形尺寸和车货质量，在起运前会同托运人勘察作业现场和运行路线，了解沿途的道路线形和桥涵通过能力（包括承运路线的道路和桥梁的宽度、弯道半径、承载能力以及其他车辆的流通情况），请公路及有关部门在沿途和现场做技术指导，必要时还要对桥梁固定，并制定运输组织方案和应急措施，以确保安全运行。

运输大型物件，应经有关部门审核批准，发给准运证，并按核定的路线和时间行车。运输过程中要按规定悬挂明显标志，以引起其他车辆和行人的注意。白天行车时，悬挂标志旗。标志旗分别竖于牵引车辆前方两侧和挂车装载物件上的最宽处；如果挂车装载物件的长度超过挂车尾部，需在物件末端的最高点装设标志旗。夜间行车和停车休息时要装设标志灯。标志灯一般装设在挂车装载物件的最宽处和超过挂车尾部的最长处。

5 货物安全保管

承运期间，承运人应对受理承运的货物负责保管，按照托运人提供的货物性质、状况及保管要求进行分类存放，并根据货物的特性采取相应的防护措施，防止货物在责任期限内出现变质、腐烂、短少和丢失等损失。

堆码货物时，应遵循"双排堆码、条码在外，重不压轻、木不压纸"的原则，按照货物外包装储运图示标志的要求操作，如货物包装有箭头标志的，应箭头向上，而不应倒置、倾斜摆放。

CHAPTER
08

第八章

道路运输节能减排

通过本章的学习，驾驶员能够了解道路运输车辆燃料消耗影响因素、道路运输节能的方法途径，掌握道路运输节能驾驶操作规范。

第一节 汽车燃料消耗的主要影响因素

随着我国汽车工业的快速发展和人民生活水平的逐步提高，全国汽车保有量迅猛增长，汽车燃油消耗量逐年增加。能源的紧缺、环境污染的日益严重使得汽车节能尤为重要。汽车尾气中含有多种污染物，不仅直接危害人类的健康，而且还会对人类赖以生存的环境产生不良的影响。作为道路运输驾驶员，要按照节能操作规范驾驶车辆，尽可能节约能源、减少车辆废气排放，树立"绿色驾驶"的理念。

汽车燃料消耗的主要影响因素如下：

一 汽车的总质量和外形

汽车总质量影响到汽车的滚动阻力、坡道阻力和加速阻力，对汽车的燃油经济性影响很大。减轻汽车自重，是提高汽车燃料经济性的一个重要方向。另外，为克服空气阻力而消耗的发动机功率与汽车行驶速度的三次方成正比。汽车速度不高时，空气阻力对汽车的燃料消耗影响不大，但当车速超过50km/h，空气阻力对汽车燃料经济性的影响逐步明显。

二 发动机的结构和种类

发动机的油耗对汽车的油耗有决定性的影响，而发动机的油耗决定于发动机的结构。发动机的压缩比高、有完善的供油系统及合理的燃烧室形状、采用电子点火系统等都能降低发动机的比油耗。柴油机由于压缩比比汽油机要高得多，因此柴油机比汽油机的油耗要低很多。试验和使用证明，一般装备柴油发动机的轿车比装备汽油发动机的轿车节油18%左右，柴油发动机载货汽车比汽油发动机载货汽车节油30%左右。

三 轮胎的结构和种类

轮胎结构对滚动阻力影响很大，改善轮胎的结构，可以减少汽车的油耗。目前降低滚动阻力的最好办法是使用子午线轮胎。子午线轮胎与普通斜交轮胎相比，滚动阻力一般要下降20%～30%。另外，轮胎的花纹及胎压对汽车的油耗都有较大的影响。

四 车辆的技术状况

随着车辆使用时间的增长，其性能也在逐步发生变化，当感觉车辆有异样时，应立即进行检查。车辆的技术状况差、故障多，对其行驶油耗影响很大。除发动机故障外，底盘部分的技术状况，如减速器、制动器、轴承、前束调整不当，轮胎气压不足等，都会导致汽车的燃料消耗大幅度增加。

五 车辆的使用状况

车辆的使用状况也是影响汽车燃料消耗的主要因素之一。如汽车在高原使用，由于进气量下降，导致燃料燃烧不完全，汽车的燃料消耗必然增加。汽车在道路条件很差的路面行驶，其功率消耗大、滚动阻力大，必然导致燃料消耗量的增大。

六 驾驶操作

熟练的驾驶技术是节油的前提，同一车型，使用条件基本相同，不同的人驾驶，燃

第八章 道路运输节能减排

料消耗可相差20%以上。驾驶技术对汽车油耗的影响，贯穿在整个汽车运行过程中，如起步、换挡、转向、制动、减速、停车等。汽车在运行过程中，遇到的情况千变万化，如道路情况、气候情况等，驾驶员要能随时随地依据变化情况，作出正确的判断，控制行车速度，减少不利因素，利用有利条件，尽可能节约燃油，使车辆行驶更多的里程。

第二节 汽车主要污染物的种类及危害

汽车主要污染物的种类及危害如下：

一、汽车排放污染物

汽车排放污染物主要包括一氧化碳（CO）、未燃烧或不完全燃烧的碳氢化合物（HC）、氮氧化物（NO_x）以及颗粒物（PM）等。

汽车排放污染物中的氮氧化物和碳氢化合物中的烯烃、芳香族系是产生光化学烟雾的根源，将造成严重的大气污染，导致交通事故增加、农作物减产，以及桥梁和雕塑等物体的腐蚀。另外，汽车尾气中的二氧化碳（CO_2）虽没有被列为污染物，但二氧化碳导致了地球温室效应，因此从环境保护和节约能源的角度出发，应尽量选用发动机排量较小、油耗低的节能型汽车，控制汽车产生二氧化碳的总量。汽车排放污染物对人体的危害见表8-1。

汽车排放污染物对人体的危害　　　　　表8-1

污染物质	对人体的危害
一氧化碳（CO）	一氧化碳无色无味，人吸入一氧化碳后，被血液吸收，与人体内血红蛋白结合形成一氧化碳-血红蛋白。一氧化碳与血红蛋白的亲和能力非常强，比氧和血红蛋白的亲和力大250倍。一氧化碳-血红蛋白形成后，离解很慢，易造成低氧血症，导致组织缺氧。当大气中的一氧化碳浓度达到70×10^{-6}以上时，人在接触数小时后，体内的一氧化碳-血红蛋白浓度可达到10%，导致头疼、心跳加剧等症状。当人体内一氧化碳-血红蛋白浓度达到20%左右时，人将出现中毒症状；达到60%时，人将窒息死亡
碳氢化合物（HC）	大气中碳氢化合物的浓度增大，将刺激和破坏人体黏膜组织，可引起结膜炎、鼻炎、支气管炎等症状，特别是碳氢化合物中的多环芳香烃危害更大，被认为是致癌物质
氮氧化物（NO_x）	汽车排放污染物中的氮氧化物主要是一氧化氮和二氧化氮。一氧化氮毒性不大，但很容易氧化成剧毒的二氧化氮。二氧化氮对鼻子、眼睛、口腔、咽喉黏膜和呼吸道黏膜有刺激作用。当被吸入人体肺部后，能与肺部的水分结合生成可溶性硝酸，严重时会引起肺气肿。当大气中的氮氧化物达到5×10^{-6}时，就会对哮喘病患者有影响；人在100×10^{-6}以上的高浓度下呼吸30min以上时，将会陷入危险状态
颗粒物（PM）	颗粒物为燃料不完全燃烧生成的碳烟粒，柴油机最为明显。碳烟粒不仅对人的呼吸系统有害，而且碳烟粒的孔隙中往往吸附有二氧化硫和有致癌作用的多环芳香烃等物质

二、汽车噪声

汽车噪声是指汽车行驶在道路上时，内燃机、喇叭、轮胎等发出的声音。在城市中，交通噪声占各种声源的70%左右，汽车噪声是交通噪声的主要来源。汽车噪声一般都是60～90dB(A)的中强度噪声。

汽车噪声对人体健康的影响是多方面的。噪声作用于人的中枢神经系统，使人们大脑皮层的兴奋与抑制平衡失调，导致条件反射异常，使脑血管张力遭到损害。这些生理上的变化，在早期能够恢复原状，但时间一久，就会导致病理上的变化，使人产生头痛、脑涨、耳鸣、失眠、记忆力衰退和全身疲乏无力等症状。长时间处于噪声的影响下，驾驶员会更容易感觉疲劳，从而影响安全行车。

第三节 汽车节能与环保驾驶操作规范

汽车节能与环保驾驶操作的核心是柔和、预见性驾驶，必须做到"车况正常、心态平和、路线最佳、平稳起步、及时升挡、车机同热、挡位准确、转速最优、切忌高速、操控平顺、直线等速、预见驾驶、合理空调、长停熄火、入位准确"。道路运输驾驶员应该按照以下操作规范来驾驶车辆，以达到节能和环保的目的。

一、出车前的准备

1. 行车路线设计

（1）城市行车应以行驶时间及距离最优为原则设计行车路线，尽量错开车流高峰，避开繁华街道、学校、医院、平交路口等交通拥堵路段。

（2）长途行车应以选择较高等级公路及较短距离为原则设计行车路线及备用行车路线。

2. 心态调整

暂不考虑对情绪有较大刺激的事件，保持心平气和、不急不躁、理解他人、不争不抢的心理状态。

3. 车辆检查

（1）环绕车辆一周，检查车身外表及各部件的状况，确保无漏油、漏水、漏气、漏电现象；轮胎气压应符合要求，胎面花纹间无夹杂物。

（2）检查并清理出车内不必要的物品。

（3）检查装载货物，应捆绑、固定牢固，覆盖严实。

（4）清洁车窗玻璃，保持驾驶视线良好。

（5）检查发动机风扇传动带，要求无老化、龟裂、起毛等现象，松紧度要保持合适；检查发动机冷却液，液面应在上下限刻度间；检查发动机润滑油量，油面应在润滑油尺上下限刻度间中下部。

（6）检查转向机构的自由行程，一般不宜超过两指宽度。

（7）检查离合器踏板、制动踏板自由行程和驻车制动器操纵机构工作是否正常，离合器踏板与制动踏板自由行程应符合正常规定值。

（8）起动发动机后，各仪表应工作正常，并且无故障报警信号。

二、发动机起动

发动机无论是常温起动（大气温度或发动机温度高于5℃时）及热起动（发动机温度高于40℃时），还是冷起动（大气温度或发动机温度低于5℃时），均应将变速器操纵杆置于空挡位置，踩下离合器踏板，打开点火开关至起动位置，发动机顺利起动后立即松开，点火开关在起动位置的时间不应超过5s。起动过程中不应踩加速踏板。

柴油发动机冷起动时，应首先开启发动机预热系统，在充分预热后再按上述要求进行起动操作。如果一次起动未能成功，应重新进行预热，间隔15s后再次起动。

三、车辆预热

车辆预热包括发动机预热和底盘预热。

1. 发动机预热

（1）非增压发动机起动后，应在原地保持怠速运转不超过1min。在此期间，不应使发动机高速空转。

（2）增压发动机起动后，应在原地保持怠速运转1min以上。在此期间，不应使发动机高速空转。

（3）在冬季气温较低时，发动机预热时间应适当延长，使发动机冷却液温度预热到40℃左右。

2. 底盘预热

在发动机预热、车辆起步后（采取气压制动的车辆，应先确保储气罐内的气压达到安全行车的要求），应先以20~40km/h的速度低速行驶1~2km，之后再以正常速度行驶。在冬季气温较低时，低速行驶的距离应适当延长至3~4km。

四、起步

1. 平路起步

左脚完全踩下离合器踏板，将变速器操纵杆置于1挡位置（部分大型货车空车时应置于2挡位置）；松开驻车制动器操纵杆，左脚先稍快松抬离合器踏板，待离合器处于半联动位置时（传动机件稍有振抖、发动机声音略有变化），右脚轻踩加速踏板，同时左脚再缓抬离合器踏板，使车辆平稳起步。车辆起步后应在车辆移动一个车身距离内迅速加速，将挡位挂到高一级挡位。

2. 上坡起步

左脚完全踩下离合器踏板，将变速器操纵杆置于1挡位置；拉紧驻车制动器操纵杆，右脚轻踩加速踏板提高发动机转速（坡度越大，需提高的转速越高），这时抬离合器踏板到半联动位置；当听到发动机声音发生变化时，缓缓放松驻车制动器操纵杆，同时逐渐踩下加速踏板和缓抬离合器踏板，使车辆平稳起步。

五、换挡变速

1. 挡位选择

（1）手动变速器一般有4~5个前进挡位。其中1挡、2挡为低速挡，减速增扭作用显著，用于起步、上陡坡等，油耗很高。3挡为中速挡，是汽车由低速到高速或由高速到低速的过渡挡位，车速稍快，油耗也较大，不宜长距离行驶。4挡、5挡为高速挡，由于传动比小或直接传动，车速快，油耗最低。

（2）根据发动机运行的经济转速选择挡位：保持发动机在经济转速区域内的较低转速下运转，尽量选择高挡位；发动机的转速高于经济转速区域时，及时选择升挡；发动机的转速低于经济转速区域时，迅速选择降挡。

2. 变速器换挡

（1）汽车换挡变速踩下离合器踏板时，应及时抬起加速踏板；当抬起离合器踏板，离合器尚未完全接合时，不应急踩、猛踩加速踏板。

（2）升挡时，应自低挡位逐级换入高挡位，做到及时、准确。

（3）降挡时，应自高挡位换入预期行驶速度的、且能保持发动机转速在经济区域内以较低转速运转的低挡，做到及时、准确。

六、加速

（1）汽车在平路行驶过程中，踩下加速踏板的最大限度应不超过加速踏板最大行程的3/4。汽车在平路行驶过程中加速，如果已踩下加速踏板最大行程的3/4而发动机转速不能相应增加，应变换低一级挡位后重新加速行驶。

（2）踩下加速踏板的速度，应以发动机的声音增高较柔和、转速平稳增加为宜。一般加速踏板由怠速位置踩至3/4行程位置的时间应控制在3~4s。如果发动机发出"闷"的吼声，应稍抬加速踏板。

七、减速

（1）在行车中，不得空挡滑行，应利用汽车带挡滑行减速，尽量少用或不用行车制动器制动。

（2）预见到前方有障碍、转弯、会车、红灯等需要减速的情况时，应抬起加速踏板，使离合器保持接合状态，变速器保持在原挡位，发动机保持在点火状态，依靠发动机对汽车的阻滞力减速滑行，必要时用行车制动器制动以增加减速强度。

（3）汽车下长而陡的坡道时，应抬起加速踏板，使离合器保持接合状态，发动机不熄火，变速器操纵杆置于合适的挡位（坡度越大，挂挡位越低），并根据速度情况使用行车制动器间歇制动控制车速。

八、车速控制

（1）汽车在正常行驶时，变速器操纵杆应尽量置于最高挡位，保持发动机转速在经济转速区域内以较低转速等速行驶。

（2）当汽车行驶阻力增大，以及交通繁杂、不能用最高挡行驶时，应及时换入低挡并保持发动机转速在经济转速区域内以较低转速等速行驶。

（3）在预期速度下，应保持好该状态时的加速踏板位置使汽车等速行驶，避免加速踏板位置来回变化。

（4）应保持适当的跟车距离。在普通公路上，跟车距离一般应大于汽车2~3s内驶过的距离；在高速公路上，跟车距离一般应大于汽车4s内驶过的距离。

（5）汽车行驶的最高速度不应超过道路通行的有关限速规定。

九、转向控制

（1）操纵汽车转向时应平顺，提前开启灯光信号，避免突然变向或急转弯等。

（2）在汽车行驶过程中，应保持直线行驶，避免来回转动转向盘。

（3）变更车道时，应在确认与前后左右的汽车处在安全距离的情况下，提前开启转向灯，夜间还应变换使用远、近光灯，然后平稳地转动转向盘，并以较大的行车轨迹缓加速驶向另一车道。当因超车变换车道时，在超车后应及时返回原车道。

（4）在行车过程中，应避免频繁变更车道。

十、特殊路段驾驶

1. 上坡路段

（1）遇见坡路时，应提前预测坡度、坡长，判断需用的挡位及速度。在上坡前500m处，应轻微加速；在坡路时，应保持加速踏板位置，尽量靠汽车惯性冲到坡顶。

（2）汽车依靠惯性不能冲过坡顶时，应迅速降挡，避免坡路停车重新起步。

2. 隧道

（1）在距隧道入口50m左右处，应提前减速，开启前照灯、示廓灯、后位灯，并仔细观察前方情况。

（2）在隧道内行驶时，应保持合适的跟车距离和行驶速度。

（3）在隧道出口前，应握稳转向盘，避免隧道出口处的横向风引起汽车偏离行驶路线。

第八章 道路运输节能减排

（4）驶入和驶出隧道时，在明、暗适应过程中应不加速行驶。

3 拥挤路段

（1）在拥挤路段行驶，汽车处于频繁的起步－停车的循环行驶状态，起步时应缓踩或不踩加速踏板，起步后尽可能利用汽车惯性滑行行驶，避免起步后猛踩加速踏板再制动停车的驾驶方式。

（2）在确保汽车安全行驶的前提下，应减少完全停车，尽量使汽车保持一定的运动惯性。

十一、行车温度控制

（1）发动机温度低于40℃时，不应使发动机大负荷高速运转或使汽车高速行驶，温度达到40℃以上时开始正常行驶。

（2）应使发动机的温度保持在80～95℃之间。长时间上坡或高速行驶等行驶状态下发动机冷却液温度报警时，应停车怠速或小负荷、低速行驶，使发动机温度慢慢降到正常区域。

十二、空调的合理使用

（1）气温适宜，车速低于60km/h时，宜打开车窗通风，或者只用空调的通风功能。

（2）当车速超过80km/h时，应关闭车窗开启空调调节车内空气，且空调的温度不应设定过低。

十三、发动机熄火

（1）当汽车停止行驶后，应尽量减少发动机怠速空转，及时使发动机熄火。

（2）非增压发动机汽车在路口停车等待通过的过程中，应根据交通信号灯计时器判断停车时间，停车时间超过1min的，应将发动机熄火。如果信号灯没有计时显示，排队偏后的汽车，最好也将发动机熄火。

（3）非增压发动机汽车在上下乘客、装卸货物等需要停车超过1min时，应将发动机熄火。

（4）非增压发动机汽车经过高速或爬长坡行驶后，发动机温度很高时，应怠速运转30s以上后熄火。

（5）增压发动机汽车停车后不应立即熄火，应保持发动机怠速运转3min以上，待发动机充分冷却后再熄火。

十四、停车

（1）应准确判断停车位置，做到一次停车到位，减少停车时的移车次数。

（2）避免在上坡、积水、结冰或松软的路段上停车。

（3）冬季中途停车时，应尽量避免汽车发动机迎风停放。